韩兴娥课内海量阅读丛书

成语笑话

③

编著/ 邹敦怜　林丽丽　韩兴娥

编委/ 徐美华　花雪莲　程丽娟

王新珍　张秀红　谭建萍

· 第 2 版 ·

江西人民出版社
Jiangxi People's Publishing House
全国百佳出版社

图书在版编目（CIP）数据

成语笑话 . 3 / 邹敦怜 , 林丽丽 , 韩兴娥编著 .
2 版 . -- 南昌 : 江西人民出版社 , 2024. 11. --（韩兴娥
课内海量阅读丛书）. -- ISBN 978-7-210-15326-9

Ⅰ . G624.203

中国国家版本馆 CIP 数据核字第 20248FL393 号

版权登记号：14-2016-0112
本中文简体字版图书由台湾萤火虫出版社授权江西人民出版社独家出版。

成语笑话 3（第 2 版）

CHENGYU XIAOHUA 3（DI 2 BAN）

邹敦怜　林丽丽　韩兴娥　编著

策 划 编 辑：杨　帆
责 任 编 辑：吴丽红　胡文娟
书 籍 设 计：白　冰　游　珑

江西人民出版社
Jiangxi People's Publishing House
全国百佳出版社　出版发行

地　　　址：江西省南昌市三经路 47 号附 1 号（邮编：330006）
网　　　址：www.jxpph.com
电 子 信 箱：jxpph@tom.com
编辑部电话：0791-86899133
发行部电话：0791-86898815
承　印　厂：江西千叶彩印有限公司
经　　　销：各地新华书店

开　　本：787 毫米 × 1092 毫米　1/16
印　　张：9.5
字　　数：120 千字
版　　次：2017 年 5 月第 1 版　2024 年 11 月第 2 版
印　　次：2024 年 11 月第 1 次印刷
书　　号：ISBN 978-7-210-15326-9
定　　价：22.00 元
赣版权登字 –01-2024-585

目录

自序

一

　　成语是汉语的精练呈现，是中华文化隽永的智慧，是古人的哲理巧思。每一则成语，都给阅读者提供了深刻的意境，以及难以言传的语感表现。透过一个个典故、传奇、故事，成语同时也展现了文字的精致之美。

　　在教学中，教师常喜欢引导学生恰当地使用成语。无论是作文还是说话，运用成语常有画龙点睛的效果。但是，要怎样让学生与成语的接触更有趣？我们想到了"笑话与成语"的组合。

　　在这本书中，基本每一篇都分成四个部分：

　　首先呈现给广大读者的是一个幽默谐趣的笑话。把常用的成语巧妙地融入笑话中，可以让学生从具体情境中，了解成语的意义及其用法。

"**成语意思猜一猜**"列出了前面笑话中所运用到的成语的释义。它以游戏的方式，让学生来猜出相应的成语，拓展成语的延伸意义，让读者知道成语更深刻的含义。

"**成语运用猜一猜**"设计了句子或短文，让读者小试身手，引导其运用本篇所学习的成语，促使他们更熟练地运用成语。

"**成语万事通**"延伸了本篇所列成语的课外知识，包括历史事件、典故由来、寓言故事、神话传说、作品名句，与成语有关的科学、人文、社会等知识，让学生在认识成语的同时，能更伸展学习的触角。

以笑话为载体，让所有学习者一窥成语世界的神奇奥妙，进而引发对学习语文的兴趣，这是一条事半功倍的捷径。希望有更多的人共襄盛举，把这样的理念、想法，运用在课堂上、亲子互动中，让更多美好的语言文字，装点我们的生活，丰富我们的世界。

邹敦怜　林丽丽

自序

二

本书于 2017 年 5 月出版，7 年来，重印过多次。每次重印，编者都会根据读者反馈对内容作出适时适当的修改、调整和补充，使之更趋完善。此次再版，我们也对编校方面的讹误作了订正，以期更适合广大读者朋友使用。

说起与本书的渊源，我还记得那是 2013 年的暑假，北京图书大厦书架上的一套《看笑话 学成语》进入我的视线。我随手翻开，一眼就断定——这就是我们要找的书！它是为"课内海量阅读"量身定做的书！真佩服邹敦怜、林丽丽这两位台湾教师，她们让孩子们在笑声中学习成语，这是多么巧妙的构思！没想到海峡对岸的同胞竟然与我如此心有灵犀！于是，我毫不犹豫地买下一套，并邀请几位好友改编和试教。

在改编过程中，我们发现一个笑话中只有四个成语，似乎太少了！于是，我们绞尽脑汁地添加成语、改编笑话，希望用最短的篇幅给予孩子最丰富的语言，又不失原文的无穷妙趣。

改编工作持续了两个暑假。伴着腰酸背痛，我们美滋滋地憧憬：这套"不用老师教，学生就能自学"的书呈现在孩子们面前时，他们边笑边读，边读边笑，阅读的快乐氛围弥漫整个教室。我们禁不住偷偷乐起来！

改编后的书稿首先进入了我们自己的课堂。果然，我们欣喜地看到，孩子们一会儿哈哈大笑，一会儿沉思静读，完全沉浸在书香墨韵之中。看到孩子们学习得兴致盎然，老师教得轻松愉悦，我们所有的辛苦皆化成甜蜜的幸福。

在教学过程中，我们发现这套书为孩子在阅读和写作之间搭建了一座桥梁，能够有效地激发他们使用语言的自觉意识和强烈欲望。通过学习这套书，孩子们能达到这样一种状态：学了成语，仿佛新获宝剑，时刻捕捉战机，一有机会，即用之而后快。有了这样的意识和欲望，才能形成自觉运用语言的习惯，才能学好语言。

于是，我们为每本《成语笑话》都做了课件，通过课件向学生展示学习方法。单个故事的学习过程是：

1. 听笑话故事；

2. 自己练习讲故事；

3. "开火车"口头填成语；

4. 看成语接力讲故事。

笑话故事的录音可以到喜马拉雅上免费收听，也可以由学生录音。老师可以按进度一个单元、一个单元地放给学生听，也可以把整本书的录音全部放给学生听；可以由老师或学生现场朗读，也可以由几个学生事先排练然后分角色朗读。听完故事后，师生可以讨论故事笑点在哪里，然后齐读成语。

学生在自己练习讲故事的这个环节，可以复述书上的笑话故事，也可以用笑话故事中的成语创编故事。"开火车"口头填成语可以进一步巩固成语。课件上每五个故事提供一课"口头填成语"，供老师和家长抽查。学生只要能读熟并复述故事，做这个练习轻而易举，就不用专门练习。

看成语接力讲故事可以提高学生复述和创编故事的能力。为了便于学生自学、老师教学，整本书每一个故事的成语都配有课件。在课堂上，有的学生讲故事不按书中的情节，但总有学生能给故事编出一个圆满的结尾。感觉故事讲不下去时，就是学生最期待的时候。

特别指出："开火车""接力"可以方便老师快速检查学生的掌握情况。要落实每一个学生的达标情况，老师要在课堂上将"开火车""接力"检查和个别检查结合起来。在"开火车""接力"的检查过程中，全体成员都通过了的合作小组可以获得"免试"资格。这样能有效地促进小组成员之间的互帮互学。

通过一节课、一组笑话故事的学习，学生就能了解自学的方法，摸索出老师检查的规律，从而进行自学和小组合作学习。从第二单元的笑话故事开始，老师就不必总打开电脑，只需利用课件检查学生对故事的学习情况。

学习几个单元的笑话或一本书后，就安排一次"阶段书面运用竞赛"，即合作小组四个成员看着答案中的成语，在限定的时间内用老师给出的成语写句子或段落，一共能运用多少个成语，小组就能得到相应的分数。于是学生竞相应用，合作小组成员主动交流如何学以致用，以求自己的小组得到高分。

以上是我喜欢的，我的学生也习惯的"课内海量阅读"学习方法，我们一个多星期可以学完一本《成语笑话》。没有"海读"基础的班级可以一个单元、一个单元地慢慢学，用两到三个星期学完一本。

学习的流程也可以这样安排：

1. 预习。老师提前给合作小组排出"讲课表"，小组成员在课前演练如何"讲课"。可以轮流上台复述故事，可以全组成员分角色朗读，或者表演读……老师鼓励学生提前用大纸写好或在黑板上板书笑话中的成语和生疏的字词，便于边讲边指这个词，带领全班同学诵读。这些资料可以保存起来，留待"阶段书面运用竞赛"时用。

2.讲述。上课时，各小组派代表上台，采用不同的形式讲笑话。老师鼓励学生不仅要把这个笑话中出现的成语都用上，还要尽可能地增加成语。同时，要把"笑点"讲明白，还可以向台下学生提问，台下学生也可以质疑问难。

3.自测。学生看书自测某单元笑话中的"成语意思猜一猜""成语运用猜一猜"。

4.强化。把某单元笑话中有一定难度的"成语意思猜一猜"打乱顺序投映到屏幕上，进行强化练习。不喜欢经常打开多媒体的老师可以每周利用一节课进行集中强化练习。

5.运用。把当堂所学的成语排列在黑板或屏幕上，也可以看着书后面"参考答案"中的相关成语，让学生说几句或一段话，看看能用上其中多少个成语，并以小组为单位计分。

6.阶段练习。每学几组笑话或一本书，可以组织一次"阶段书面运用竞赛"。不论学习的速度快或慢，"阶段书面运用竞赛"都能促进互帮互学，还能促进阅读能力向写作能力的转化。

课堂上要挤出时间给学生展示和分享。学生可以创作图画让大家猜成语，可以找一找本组成语的同义或反义成语，还可以运用学过的成语写日记或合作写循环日记……

走在"海读"路上的日子里，总是期盼着孩子们笑着，读着，表演着，创造着……

韩兴娥

2024年11月

上课流程

1 预习

2 讲述

4 强化

3 自测

5 运用

6 阶段练习

教无定法，希望师生共创有创意的学习流程

01

第一单元

第 1 篇

我家也是豪宅

小雅和小文正在翻看一本《香港名宅大观》，里头有栉（zhì）比鳞（lín）次的高楼大厦（shà），还有许多雕（diāo）梁画栋（dòng）的典雅建筑，两人看了都十分羡慕（xiàn mù）。

小雅说："你知道吗？听说成龙就住在香港浅水湾，那可是名扬四海的天下第一湾，有'东方夏威夷'之美誉（yù），是有名的豪宅区……"

"真的？好希望能住在那里，这样我就可以常常看到心慕手追的偶像了。"小文一边说，一边指着其中一栋，"我的钢琴老师林老师就住在这栋豪宅，每次我去上课时，大厅都有穿着苏格兰服饰的保安通报，林老师的家好大，里面富丽堂皇，好像皇宫一样！"

小雅笑着说："你还没去过我家吧，我告诉你，我家也是……""也是豪宅？"小文疑惑不解地问。"差不多啦，我家是'好窄'！"小雅说。

成语意思
猜一猜

1. _____：用彩绘装饰的梁栋。形容建筑物富丽堂皇。

2. _____：形容建筑物的宏伟壮丽，极有气势。

3. _____：比喻建筑物排列密集。

4. _____：高耸的建筑。

5. _____：名声传遍天下。

6. _____：心头羡慕，手上模仿。形容竭力模仿。

成语运用
猜一猜

1. 这一条街都是_____，人潮涌动，不愧是商业中心。

2. 一批外国游客参观北京故宫，对里面_____的建筑，纷纷表示赞叹。

3. 这个五星级酒店的宴会厅布置得_____。

4. 袁隆平的水稻杂交技术_____。袁隆平是我们中华民族的骄傲！

5. 张老师用她独有的魅力征服了所有学生，她言行文雅，是学生_____的偶像。

6. 以前这里是一大片农田，现在已经成为建筑物_____的住宅区。

7. 我_____地问："为什么时间一去不复返呢？"

第 2 篇

让生命延长

经过医生诊断，老江知道自己可能只剩下一年的寿命。想到自己总是**夜以继日**地辛苦工作，从来没有享受过生活，想到即将**抱恨黄泉**，他觉得好遗憾（yí hàn）。他失去了平时的干劲，每天**黯然神伤**地喃（nán）喃自语："怎么会这样呢？我还不想死啊，我还能活得再久一点吗？"

好朋友小李前来探望他，给他这样的建议："有啦！你可以先把所有财产都捐出去；接着，离开温暖舒适的家，搬到又冷又湿的高山小屋；最后，改变**衣帛**（bó）**食肉**的生活习惯，学苦行僧每天吃别人布施的食物……"

老江**难以置信**，问："这样能让我活得更久吗？"

小李**一本正经**地说："当然不能，但这样可以让你这一年中的每一天都**度日如年**，这一年将变成你一生中最漫长的一年。"

成语意思 猜一猜

1.＿＿＿＿＿＿＿：穿着舒适的帛衣，食用美味的肉食。形容生活安乐富裕。

2.＿＿＿＿＿＿＿：很难令人相信。

3. ＿＿＿＿＿＿＿＿：过一天像过一年那样长。形容困苦的日子长久难熬。

4. ＿＿＿＿＿＿＿＿：心怀着遗憾离开人世，死有遗恨。

成语运用
猜一猜

1. 小猫居然会数数，这个消息简直让大家＿＿＿＿＿＿＿＿。

2. 为了赶完这份报告，他＿＿＿＿＿＿＿＿地工作，连放假都不回家。

3. 提起走失的小狗汪汪，他忍不住＿＿＿＿＿＿＿＿。

4. 从小＿＿＿＿＿＿＿＿的她，真的能跟着大家吃苦吗？

5. 距离高考分数公布还有 5 天，表弟这几日＿＿＿＿＿＿＿＿，害怕又盼望着公布日期的来临。

6. 爱国诗人陆游一心希望朝廷收复失地，但他到死都没能看到国家统一，只能＿＿＿＿＿＿＿＿。

7. 看到她＿＿＿＿＿＿＿＿的样子，他觉得好笑。

成语 万事通

对待生命的几种态度

　　不同的人对待生命有不同的态度。"重义轻身"的人往往"视死如归"，能为民族大义"慷慨（kāng kǎi）捐生"。"蝼蚁（lóu yǐ）贪生"之人"苟（gǒu）延残息"，虽"油尽灯枯"也"死不瞑（míng）目"。重谊之人，对朋友"患难相恤（xù）"，愿为朋友"赴汤蹈火"，在所不惜。顽强求生的人即使"命在旦夕"，也要"虎口逃生"。

第 3 篇
失眠特效药

傍晚，魏小宝**垂头丧气**地走进药房，跟经营药房的朋友大卫诉苦："我已经好几天睡不好了，最近我家的猫不知道怎么了，每到半夜，就会在屋里走来走去。它有**钩爪**（zhǎo）**锯**（jù）**牙**，在地上抓来抓去，咬来咬去……唉，我一整夜**辗**（zhǎn）**转反侧**，失眠好痛苦啊……有好一点的安眠药吗？"

大卫听了，拿出一包药粉，递给魏小宝。魏小宝**满腹狐疑**地问："就一包而已？这药有效吗？"

"没问题！"

魏小宝又问："那我饭前吃还是饭后吃？吃了多久会睡着？我现在吃可以吗？"

大卫听了**惊慌失色**，赶紧抢回药包，说："你可别**病急乱投医**，这不是给你吃的，是给猫吃的，保证一次就能解决所有问题。"

成语意思猜一猜

1. _____：比喻事情紧急，胡乱寻求解决方法。

2. _____：形容鸟兽爪子和牙齿如钩锯一般锐利。

3._____：一肚子疑问。比喻疑惑不解的神态。

4._____：形容因心事重重而翻来覆去，睡不着觉。

5._____：惊慌之极而面目变色。

 成语运用
猜一猜

1. 事情没什么大不了，你就别再_____了！

2. 狮子有_____，动物都怕它。

3. 他们做事往往不经过考虑，根本就是_____。

4. 漫漫长夜，他躺在旅馆的床上_____，难以入睡。

5. 小明掉进了水里，我们几个同学顿时_____。

6. 他昼伏夜出，行为诡（guǐ）秘，邻居们对他的行为_____。

 成语 万事通

睡不好怎么办？

　　睡眠很重要，一个人每天都要有八小时左右的睡眠，身体才会健康。如果总是"辗转反侧""翻来覆去""捶（chuí）床捣（dǎo）枕""卧不安席"，甚至"彻夜不眠""寝食难安"，那么会危害身体健康。

　　因此，睡前我们要调适身心，避免做剧烈的运动或喝刺激性的饮品，读读故事书，听听音乐，放松情绪，就能"安然入睡""酣（hān）然入梦"。

第 4 篇

好个馊（sōu）主意

刘医生有偏头痛的毛病，只要头一痛，他就会**心烦意乱**。有一天下午，他正想提早休息，一个病人却进来看病。

这个病人一坐下来，就说自己身体不舒服，他**喋**（dié）**喋不休**地从自己早上几点起床，身体有怎样的感觉说起，一说就说了快十分钟。

刘医生已经头痛得**死去活来**，还要听这些**不痛不痒**的抱怨，他没好气地问："你来这儿之前，找什么人看过病吗？"病人说："我只问过我家隔壁药房的老板。"刘医生有些不耐烦："我最讨厌那些不是医生的人提出不专业的医疗建议，你说，那个**愚昧**（yú mèi）**无知**的傻瓜给你出了什么馊主意？"

病人**吞吞吐吐**地说："他叫我……来……来找你。"

**成语意思
猜一猜**

1._____：昏死过去又醒来。形容极度疼痛或悲伤。

2._____：形容话多，没完没了。

3._____：形容没有关联，不切中要害。

4._____：形容非常愚蠢，没有知识，不明事理。

成语运用

猜一猜

1. 不努力学习，就容易变成一个＿＿＿＿＿＿＿＿的人，到处上当受骗。

2. 男人说话要干脆利落，不要＿＿＿＿＿＿＿＿。

3. 那个男人一直缠着别人，诉说自己生过一场大病，如何痛得＿＿＿＿＿＿＿＿。他＿＿＿＿＿＿＿＿地说个不停，完全没想过我们并不想听这些＿＿＿＿＿＿＿＿的话啊！大家都＿＿＿＿＿＿＿＿，不想再理会他。

成语 万事通

不是话多就好

　　我们总希望自己能说会道，但"**喋喋不休**""**刺（cì）刺不休**"（说话唠唠叨叨，没完没了）是没有听众的，"**大言不惭**"（说大话而不觉羞愧）、"**夸夸其谈**"（说话或写文章浮夸、不切实际）令人生厌。大多数人虽然生来不是"**口齿伶俐**"（谈吐麻利，应付自如），不会"**滔滔不绝**"（形容话多，连绵不断）、"**口若悬河**"（形容人能言善辩，讲起话来像瀑布一样滔滔不绝），但可以做到"**侃（kǎn）侃而谈**"（指人理直气壮、从容不迫地说话）、"**娓（wěi）娓而谈**"（指人说话时连续不断、生动地谈论）。

第 5 篇

信寄了没？

王伟走在路上，一位**素不相识**的先生突然拍拍他的肩膀，笑着说："信寄了没？"王伟摇摇头，赶紧从提包中找到信，投进附近的邮筒。他**如释重负**地拍拍胸脯，庆幸自己没有忘记妻子的交代。

寄出信之后，为了赶时间，王伟**马不停蹄**地往前走。可是一路上，总有人过来提醒他："先生，别忘了寄信！"这是怎么回事？王伟虽然面带微笑地跟别人道谢，心里却**茫然不解**。

好不容易进了办公室，邻座的女同事又对他说："信寄了没？"

王伟终于忍不住问："怎么大家都知道我要寄信啊，都**不厌其烦**地提醒我要寄信呢？"同事**忍俊不禁**（jīn），从他背后拿下一张纸，原来妻子担心健忘的他忘了寄信，居然在他背后贴了一张纸条，上面写着："请提醒我要寄信！"

成语意思猜一猜

1.＿＿＿＿＿＿＿：对事情无所知或不能理解。

2. _____：忍不住地笑。

3. _____：形容解除负担或摆脱困扰后轻松愉快的
心情。

4. _____：向来不认识，不熟悉。

5. _____：到处奔行而不止息。形容忙碌不休。

成语运用
猜一猜

1. 小孩天真的话语，让大家_____，真是最好的忘
忧果。

2. 他说得不清不楚，大家面面相觑（qù），满脸_____
的样子。

3. 我跟他_____，怎么可能替他做担保？

4. 候选人_____地拜访地方德高望重的人，希望能
得到大家的支持。

5. 对于这道题，我一直想不明白，李明_____地为
我讲解了一遍又一遍，直到我弄清楚为止。

6. 把所有的工作做完了，我_____。

第 6 篇

"聪明" 的科学家

列车长方明在车厢验票时，来到一位老先生面前，老先生**翻箱倒**（dǎo）**柜**地找遍自己的行李，还是没有找到车票。方明等在一旁，赫（hè）然发现这老先生不是别人，正是**驰名中外**的伟大科学家许先生。

方明对许先生慕名已久，他客气地说："您是许先生吧？**久仰大名**，找不到没关系啦！"

许先生急得满头大汗，对他挥挥手，说："你等我一下，我一定要尽快把它找出来。"

方明**毕恭毕敬**地说："您太认真了，没关系啦，跟您在科学上的伟大发现相比，验票这件事真的**微不足道**！等您找到了，我再过来就好了！"

许先生**心焦如火**地说："不！我一定要找到车票，不然我怎么知道我该在哪儿下车呢？"

成语意思 猜一猜

1.＿＿＿＿＿＿＿＿：卑微渺小得不值得一提。

2. _____：内心焦躁得如着火一般。形容焦灼（zhuó）难忍的心情。

3. _____：形容彻底地翻检搜查。

4. _____：对对方仰慕已久，常用于初次见面时的客套话。

5. _____：名声远播，国内外都知道。

 **成语运用** 猜一猜

1. 我一个人的力量_____，只希望可以获得抛砖引玉的效果。

2. 你整天_____的，到底在找些什么？

3. 这项发明，让她成为_____的发明家。

4. 虽然是第一次见面，不过我对他早已是_____。

5. 他每次见到老师都_____地主动跟老师问好。

6. 三岁的孙子在公园里玩耍时走丢了，这让爷爷_____。

 **成语 万事通**

成语中的"大名"

"大名"作为敬辞，多用于客套话。与人初次见面，我们要问别人的**尊姓大名**，然后要客气地说："久仰大名！"

"大名"还有名气、盛名的意思。"**大名鼎鼎**"形容名气很大，"**大名难居**"指盛名之下不易自处。

第 7 篇

讨厌的邻居

门外传来**震耳欲聋**的敲门声，陈先生对太太说："一定是对面的张三来借东西。他跟我不过是**泛泛之交**，却装作**知根知底**的样子。唉！我们家的东西，有一半都被他借过啦！"

陈太太也**义愤填膺**（yīng）地说："为什么每次都要对他让步呢？这样做，只会**姑息养奸**（jiān），我们应该找个借口，让他什么都借不走。"陈先生决定听从太太的建议。

打开门，张三大声地问道："陈先生，你下午要用除草机吗？"

陈先生说："对呀，我下午要修草坪，所以不能借给你。"陈先生以为张三会**知难而退**，没想到张三说："太好了，这样你一定没时间打高尔夫球，就把球杆借给我吧！"

成语意思猜一猜

1. ＿＿＿＿＿＿：胸中充满义愤。

2. ＿＿＿＿＿＿：由于无原则地宽容而助长坏人坏事。

3. ＿＿＿＿＿＿：普通肤浅的交情。

4. ＿＿＿＿＿＿：指十分了解内情、底细。

5._____：本指作战时随机应变，遇形势不利则退却。后泛指行事遇到困难退缩不前或伺（sì）机退却。

6._____：形容声音很大，几乎要将耳朵震聋。

成语运用
猜一猜

1. 我们已经认识十年了，并不是见面点头的_____。

2. 我故意出这道难题，原以为他会_____，没想到他竟然越挫越勇，真令人佩服。

3. 春节的鞭炮声此起彼落、_____，让人感受到节日的喜悦。

4. 你一再原谅他，不是帮他的忙，而是_____。

5. 他看到歹徒残忍地杀害了那么多人，顿时_____。

6. 他们俩从小学到大学都是同班同学，彼此_____。

成语万事通

成语里的"交往"

　　朋友的交往，在成语里分很多种呢！情投意合，是"金兰之交"；曾共同努力渡过艰难困苦，是"患难之交"；不拘年岁，是"忘年之交"；有人干脆结拜成异姓兄弟姐妹，成为"八拜之交"。

第 8 篇

粗心的老王

老王非常粗心，不过**争强好胜**的他，总是倔强（jué jiàng）地说："我哪有啊？"

一天，老王要出差（chāi），他**巨细无遗**（yí）地检查每一样东西，觉得自己这一次一定**万无一失**。没想到，到了火车站，才发现自己竟然忘记带车票。这可是**十万火急**的事情，他赶紧回家一趟。

回到家，他拿起钥匙（yào shi），拼命想打开门，却怎么也打不开。这是怎么一回事？隔了好久，老王太太经过，非常惊讶地问："我们家在三楼，你怎么开二楼的门啊？"原来老王**忙中有错**，竟然看错了楼层。

三天之后，老王回家，他**扬扬自得**地举起雨伞跟太太说："你看，我这次没有丢雨伞呵！"

老王太太又好气又好笑地说："可是，你这次根本没带雨伞出门啊！"

成语意思 猜一猜

1.＿＿＿＿＿＿＿：重要的或不重要的，都不会遗漏。形容做事仔细。

2. _____：指非常有把握，绝对不会出差错。

3. _____：十分得意的样子。

4. _____：过于匆忙，做事难免发生错误。

5. _____：争为强者，事事处处都喜欢超过或压倒别人。

 **成语运用**

猜一猜

1. 尽管美国在这方面做了种种努力，但也并非_____。

2. 又不是什么_____的事，你要连打十几通电话？

3. 他_____地展示自己的奖品，引来大家赞叹连连。

4. 他赔着笑脸，说这是自己_____，请大家多包涵。

5. 他这个人从小就_____，从不认输。

6. 他把自己知道的_____地都告诉了我们。

 **成语万事通**

成语里的"十万"

　　"十万"是很大的数字。"十万火急"与"十万火速"，指的都是非常紧急的意思。我们用"十万八千里"表示距离很远，或是相差悬殊。南朝梁人殷芸笔下有一个人说，希望"腰缠十万贯，骑鹤上扬州"，意思是希望自己发财、成仙。所以"腰缠十万"指的就是拥有很多的财富。

第 9 篇
还是不增加的好

"亮晶晶集团"有很多下属企业。每年，总裁都会请各单位的主管来开会，希望能**集思广益**，让企业**百尺竿（gān）头，更进一步**。这一年的大会开始时，总裁请大家说一说新年的愿景。

餐饮连锁的主管说："我先来**抛砖引玉**好了，我们希望今年的营业收入能增加一倍。"接着，各单位的主管**接二连三**地上台发言。旅游部门的主管说："虽然我们这个部门刚成立，还处在**惨淡经营**的阶段，但是我们希望能增加一倍半的营业收入。"每位主管说完，大家都报以热烈的掌声。

不过，有位主管始终**不言不语**，总裁问他："你们的业绩能增加多少？"这位主管终于开口，他说："我想我们还是不增加的好，我是火葬场的主管。"

🐳 **成语意思**
猜一猜

1.＿＿＿＿＿＿＿：沉默，不说话。

2.＿＿＿＿＿＿＿：比喻用自己粗浅、不成熟的作品或意见引出别人的佳作或高论，是自谦之辞。

3. _____：在困难的境况中艰难地从事某种事业。

4. _____：比喻学问、成绩等达到了很高的程度以后
仍继续努力。

5. _____：集结众人的智慧，广泛吸收有益的意见。

 成语运用
猜一猜

1. 大家都这么客气，那我就先来_____，说说自己
的想法。

2. 经历了这场变动，他变得_____，失去了往日的
笑容。

3. 经过了初期的_____，现在公司规模日渐扩大。

4. 只要大家_____，一定会找到机会，走出困境。

5. 祝您在新的一年里_____。

6. 我家的海棠花_____地开放了，火红火红的，漂
亮极了。

 成语 万事通

成语里的"玉"

古人实在太爱"玉"了，跟玉有关的成语，意思都非常美好。

例如："**金科玉律**"用来形容完善严密的法律条文；当歌声或
文字表达流利、圆润、动人时，就可以用"**珠圆玉润**"来形容；

"**玉振金声**"则比喻人格高尚，品行高洁。

第 10 篇

谁跑得过我？

小帅是一个运动健将，他走路时**步履**（lǚ）**如飞**，跑步时更是**风驰**（chí）**电掣**（chè），是天生的飞毛腿。对于自己拥有的这项本领，小帅总喜欢在别人面前**耀武扬威**，夸耀自己有多厉害。

有一次，听说小帅家遭小偷光顾，朋友都很关心，想知道事情的经过。

小帅得意地说："我一看到小偷，就大声地说：'别跑，你一定跑不过我！'于是，我就开始追赶小偷……从仁爱路追到和平路……"

"结果呢？你追到了吧？东西都**物归原主**了吧？"

小帅**面红耳赤**地说："我早就超过他，而且他再也追不上我了！只不过……"原来小帅**得意忘形**，追到小偷之后，竟然还一直往前跑。

成语意思 猜一猜

1.＿＿＿＿＿＿＿：将东西还给原主人。

2.＿＿＿＿＿＿＿：像风那样奔跑，像闪电那样急闪。形容速度极快。

3. _____ ：炫耀武力，显示威风。

4. _____ ：形容浅薄的人稍稍得志，就高兴得控制不住自己。

5. _____ ：行走的速度快速如飞。

 成语运用
猜一猜

1. 小明和小红为解一道数学题，各抒（shū）己见，争得_____。

2. 经由警方的努力追查，失窃的珠宝终于_____。

3. _____的赛车比赛扣人心弦，让人惊心动魄。

4. 他为人骄傲，常常摆出_____的姿态，大家都不喜欢跟他交往。

5. 王大爷年纪一大把了，还能在运动场上_____，真让人羡慕。

6. 无论取得多好的成绩，我们都不能_____。

 成语 万事通

谁最快？

屡次刷新纪录的牙买加人尤塞恩·博尔特，是目前世界上跑得最快的人，他最新的纪录是百米9.58秒。除了"风驰电掣"，还可以用"流星赶月""追风逐电"来形容这位世界冠军的速度。

02

第二单元

第 11 篇

专家的意见

张太太**足智多谋**，是大家心目中的"点子王"。有一天，李太太**抑**（yì）**郁寡**（guǎ）**欢**地来到张太太家，说自己胃痛得厉害。

张太太安慰李太太："这不是什么大不了的事情。前几天，我家老张说自己欠了一个裁缝（cái feng）的钱，只要一想到这件事，胃就痛得（de）不得（dé）了。我对他说：'把这件事忘得**一干二净**吧！'他照着我的话去做，结果他的胃痛就完全好了。你也把烦恼的事情忘掉吧！"

李太太痛苦地说："我知道，老张是好了，我却是**每况愈**（yù）**下**。"

张太太**满腹狐疑**地问："为什么？"

李太太无奈地说："因为我就是劝裁缝借钱给老张而被**祸及池鱼**的那个多嘴的人啊！"

成语意思 猜一猜

1.＿＿＿＿＿＿：忧愁不乐的样子。

2.＿＿＿＿＿＿：越往下越明显。表示情况越来越坏。

3.＿＿＿＿＿＿：智谋很多，形容善于料事和用计。

4. _____：完完全全，什么都不剩。

5. _____：比喻被无辜（gū）波及而受害。

 **成语运用**
猜一猜

1. 看到我们把菜吃得_____，奶奶笑得合不拢嘴。

2. 由于竞技场上一再失利，体操教练整天_____、
   一筹（chóu）莫展。

3. 他_____地看着眼前这个衣衫破烂的女孩，嘲弄
   地问："你也要来应聘（pìn）经理秘书吗？"

4. 一向_____的他，这次也无计可施了。

5. 他的身体_____，大家都为他担心。

6. 他们两个人打架，我劝了两句，结果_____，他
   们俩都冲（chòng）着我骂起来了。

 **成语万事通**

每况愈下

"每况愈下"出自《庄子·外篇·知北游》。"愈"指的是猪的小腿。
古时候监市估量猪的肥瘦是从最不易长肉的小腿丢试，庄子以此说
明越是从低微的事物上推求，就越能看出无所不在的"道"的精义。

第 12 篇
不吵架的方法

小雅和小林是一对夫妻，常常**意气用事**，因为一点点**鸡毛蒜皮**的小事都会吵个不停。有一次，他们又吵得**不可开交**。来当和事佬（lǎo）的黄伯伯把小林拉到一旁，劝说道："听听我的**逆**（nì）**耳之言**吧！你们吵架是因为精力过剩，你一天慢跑 10 公里，就可以消耗（hào）掉多余的精力。这样好了，你照着做，两星期之后，再来告诉我有没有改善。"

半个月之后，黄伯伯接到小林道谢的电话："谢谢，谢谢，您的办法真是**立竿见影**，太了不起了！"黄伯伯很高兴地问："你和小雅应该不会再吵了吧？"

小林**扬扬得意**地说："当然不吵了，我现在已经离家 150 千米远了。"

成语意思 猜一猜

1.＿＿＿＿＿＿：形容称心如意，自满自足的样子。

2.＿＿＿＿＿＿：无法摆脱或结束。

3.＿＿＿＿＿＿：竖立竹竿于阳光下，可立刻见其影。比喻
　　　　　　　迅速收到成效。

4. _____：比喻无关紧要的琐（suǒ）事或毫无价值的东西。

5. _____：不中听、不顺耳却有益的话，通常指忠告。

6. _____：处理事务情绪化，缺乏理智。

成语运用
猜一猜

1. 只要你肯用心，一定有_____的效果。

2. 这是我的_____，请你参考一下吧！

3. 投资开工厂的事要慎重，不能因为别人说你有当厂长的才华就_____啊！

4. 小明考了双百分，_____地向我们夸耀。

5. 我已经忙得_____了，请你等一下再打电话来吧！

6. 他为人宽宏大度，不会因为这些_____的小事而斤斤计较。

成语 万事通

"立竿见影"的光影现象

晴天，在阳光下立一根竹竿，会在与太阳位置相反的垂直方向出现一条黑影。这是为什么呢？因为光一般情况下是沿直线传播的，当光线遇到竿子之类不透明的物体时，便会在光不能到达的区域产生影子。

第 13 篇

让我睡个觉吧

出租车司机小王为了生活整天**疲于奔命**。这天晚上，他把出租车停在路边，想打个盹（dǔn）儿。他躺在座椅上，眯起眼睛，惬（qiè）意地睡着了。突然有人停在车旁问他时间。小王**睡眼惺**（xīng）**忪**地看看表，说："哦！快八点了。"

为了避免别人再打扰（rǎo），小王把车窗摇起，想好好睡个觉，刚入睡，敲窗声又响起。一位骑摩托车的人客气地问："先生，对不起，我赶时间，请问你知道现在几点吗？"别人这样**彬彬有礼**，小王也不好**出言不逊**（xùn），只好再次看表，告诉人家："八点十分了。"

连续两个人敲窗问时间，让小王**心烦意乱**，他写了张小纸条贴在车窗上："我不知道时间，不要问我。"他心想，这样就**十拿九稳**了。

几分钟后，一位**急人之难**（nàn）的路人又敲起了窗户："先生，别担心，我来告诉你时间，现在是八点二十分！"

成语意思 猜一猜

1.＿＿＿＿＿＿＿＿＿：刚睡醒，神志模糊，眼神迷茫的样子。

2. _____：热心卖力地帮助别人解决困难。

3. _____：讲话傲慢无礼。

4. _____：原指不断接到命令而奔走忙碌，筋疲力尽。
　　　　　　　　　　后来也指事情繁多，奔波劳累。

5. _____：形容很有把握，十分可靠。

 成语运用
猜一猜

1. 热心助人的他，常常_____，很令人敬佩。

2. 这些孩子吵吵闹闹，声音震耳欲聋，叫人_____。

3. 午夜响起一阵急促的敲门声，他_____地从床上
　　爬起，准备去看看到底发生了什么事。

4. 小明熟读经典，是个_____的人。

5. 为了养家糊口，他整天_____，没法休息。

6. 他的学习成绩非常好，考上大学应当是_____的事。

7. 他个性粗暴，常常_____，让大家都很难堪。

 成语 万事通

"出言不逊" 的故事

　　成语"出言不逊"出自《三国志》。公元 200 年，曹操攻
打袁绍的粮仓乌巢，袁绍不听大将张郃（hé）援粮仓守军的建
议，采用谋士郭图的计策，结果兵败。郭图借机诬陷张郃对袁
绍出言不逊，造成张郃投奔曹操，助曹统一北方。

第 14 篇

聪明美食

小丘做事不灵活，**呆头呆脑**的，常常被人嘲笑。有一天，他看到报纸上的广告："本餐厅提供'聪明美食'，人吃了会变聪明，保证让您**改头换面**。可以送货上门，货到付款。"

这则广告让小丘**怦（pēng）然心动**，他兴高采烈地订了一个星期的分量，希望自己能变得聪明一点，让大家刮目相看。

拿到餐点，小丘照着说明书天天食用，可是一个星期过后，他觉得自己没什么改变，打电话到餐厅抱怨，餐厅客服建议他再订一个星期。又过了一个星期，小丘觉得自己还是没有变聪明。

最后，他**忍无可忍**，**怒气冲天**地跟餐厅负责人说："我已经吃了两个星期了！你们总让我**拭（shì）目以待**，直到现在，也没有什么效果。你们给的只不过是一般的食物吧！"餐厅老板说："你还说没变化呢，你看，你这不是变聪明了吗？"

成语意思 猜一猜

1._____：比喻改变现状或改正错误。

2._____：形容人头脑迟钝（dùn）或不灵活的样子。

3. _____：形容十分关注和期待事情的发展以及结果。

4. _____：用新的眼光来看待事物，多用在形容别人

有良好的改变时。

5. _____：忍受到无法再忍受下去了。

6. _____：心怦怦地跳动。指由于受到某种事物的吸

引，思想情感发生了变化。

7. _____：怒气冲上天空。形容愤怒到了极点。

 **成语运用**
猜一猜

1. 对于春晚的演出，观众们_____。

2. 看起来_____的他，居然可以写出这样文情并茂

的文章，真让大家对他_____。

3. 他总是为难你，实在是_____就离开他吧。

4. 他决定_____重新做人，只希望能安抚妈妈破碎

的心。

5. 小明在背后说我坏话，我_____地找他理论去了。

6. 听到要春游的消息，大家_____地欢呼起来。

7. 在泰山顶看到太阳跃出的一瞬（shùn）间，我_____

_____。

第 15 篇

催不得

要小明做事,得**慢条斯理**,这是**颠**(diān)**扑不破**的原则。

有一次,主管要小明寄两封重要的信,小明把邮票贴错了,这一下可**非同小可**。小明**急中生智**,竟然把里面的信件调(diào)换之后寄了出去,结果**可想而知**。

还有一次,他急着去开会,跳上一辆停着的出租车之后,头也不抬地大声说:"我赶时间,开快点!"说完,小明便打开手上的资料来看。一直看了十几分钟,他才抬起头来,发现车子竟然还在原地。小明急得**焦头烂额**,正要找司机理论时,才发现司机在打盹儿,根本没有醒来。

所以啊,要小明做事,千万催不得,一催他就会出错。

成语意思猜一猜

1. _____:形容非常狼狈窘(jiǒng)迫。有时也形容忙得不知如何是好,带有夸张的意思。

2. _____:可以通过想象或推想而知道。

3. _____:比喻理论真实可靠,永远不能被改变或推翻。

4. _____:形容说话、做事不紧不慢、不慌不忙的样子。

5._____：形容事情重要或情况严重，不容忽视。

猜一猜

1. 世上真有_____的道理吗?

2. 这家医院上上下下所有人都忙得_____。

3. 小狗生病这件事对他来说是_____的，他扔掉手头的工作去了宠物医院。

4. 要吃饭时没有餐具，他_____，要大家学印度人用手抓着吃。

5. 他做事总是不急不忙、_____的。

6. 听说蛇能治病，于是人人出门捕捉它们，_____蛇的处境是多么悲惨啊!

 成语 万事通

"焦头烂额" 的故事

有一天，员外家发生火灾，幸好邻居赶来救火。为了答谢那些烧焦头发、烧烂额头的人，员外准备了丰盛的筵（yán）席，并请他们坐上位。《汉书》记为 "焦头烂额为上客"。

第 16 篇

蜗牛的抱怨

　　小时候，卓玛家附近沃（wò）野千里，洋溢着农村风情。七岁的那一年夏天，有一个晚上，卓玛在庭院里看见一只蜗牛，正慢慢腾腾地爬着。天真烂漫的卓玛一时兴起，随手抓起蜗牛丢出墙外。

　　十几年后，卓玛已经是个二十岁的大姑娘了。她家附近盖起了高楼大厦和商场，开辟了宽广的马路，景致跟以前迥（jiǒng）然不同，真的是沧海桑田啊！又是一个夏天的晚上，卓玛在庭院地上看见一只蜗牛朝她爬过来。看见卓玛，蜗牛气急败坏地说："喂！你这个罪魁（kuí）祸首，你为什么把我丢到墙外去？害得我十几年背井离乡。"

成语意思 猜一猜

1.＿＿＿＿＿＿：指大海变为农田，农田沦为大海。形容环境改变很大，也形容世事无常，变化很快。

2.＿＿＿＿＿＿：形容土地肥美，而且面积广大。

3. _____ : 作恶犯罪的头子。

4. _____ : 缓慢的样子。

5. _____ : 形容相差得远，很明显不一样。

6. _____ : 离开家乡到外地生活。

 成语运用
猜一猜

1. 他做事总是_____的，从来不会着急。

2. 火车驶过_____的平原，辽阔的景色，让大家心情都舒畅起来。

3. _____的小孩是上天派来的天使，让人间洋溢着纯真、善良。

4. 十几年没回家的他，看到故乡的景象，忍不住感叹_____
_____，世事多变。

5. 北京的皇家园林与苏州园林的格局_____。

6. 小明_____地跑来对我说："那道题我做了两小时还做不出来，简直气死我了。"

7. 这场空难事故的_____竟然是一只在机场上空飞翔的鸽子。

8. 王老伯_____多年，回来后发现家乡变化好大。

第 17 篇

到底谁无聊

王大婶跟刘三婆两个人，总喜欢**说长道短**，到处**搬弄是非**。有一天，**百无聊赖**的王大婶打电话给刘三婆，神秘兮（xī）兮地说："你快来，我给你讲一件**令人喷饭**的事情！"刘三婆来了之后，两个人就在窗户前**窃窃私语**。

王大婶说："你看，我从望远镜中发现，那个人从早上五点钟开始钓鱼，到现在一条鱼也没钓到，却还坐在那儿，你说无聊不无聊？"

刘三婆问："哦，真是够无聊的！他真的没钓到吗？你确定吗？"

王大婶得意地说："我一直守着望远镜，**寸步不离**，从头看到尾！"

刘三婆也**跃跃欲试**，**兴致盎然**地说："好，我也一起守着，看这个无聊的人要到什么时候才离开。"

成语意思猜一猜

1.＿＿＿＿＿＿：急于要行动的样子。

2.＿＿＿＿＿＿＿＿＿：形容关系密切，总是在一起。也指不离开某
　　　　　　　　　地或紧紧跟随。

3.＿＿＿＿＿＿＿＿＿：随意议论别人的是非曲直、好坏。

4.＿＿＿＿＿＿＿＿＿：形容事情非常可笑或行为、话语让人发笑。

5.＿＿＿＿＿＿＿＿＿：形容兴致高，兴趣浓厚。

6.＿＿＿＿＿＿＿＿＿：把别人背后说的话传来传去，蓄意挑拨，或
　　　　　　　　　在别人背后乱加议论，引起纠纷。

7.＿＿＿＿＿＿＿＿＿：精神上没有依托，形容非常无聊。

 成语运用
猜一猜

1. 他逗趣的表演＿＿＿＿＿＿＿＿，也因此拉近了他和观众之
间的距离。

2. 他们两人一直＿＿＿＿＿＿＿＿，不知道在商量什么。

3. 妈妈生病以后，他就一直待在病床旁边，＿＿＿＿＿＿＿＿。

4. 她们总喜欢在背后＿＿＿＿＿＿＿＿，到处＿＿＿＿＿＿＿＿，
传播流言，把班级搞得乌烟瘴（zhàng）气。

5. 在＿＿＿＿＿＿＿＿中，他随手拿起一本杂志翻阅起来。

6. 读书会上，大家＿＿＿＿＿＿＿＿地谈起自己的心得体会。

7. 科学课上，老师说要让同学做一个新实验，同学们听后，
个个＿＿＿＿＿＿＿＿。

第 18 篇

真正的勇敢

三位不同国籍（jí）的军官一起聊天。甲国军官说："我们的士兵一向**训练有素**……"接着，他命令一位士兵："你，从那个五米高的地方跳下去！"那个士兵**唯命是从**照着做了。

乙国军官**不甘示弱**地说："我们国家的士兵**略胜一筹**，我让你看看……"他也对一个士兵**发号施令**："从那个十米高的地方跳下去！"那个士兵也照做了。

丙国军官冷笑一声："比勇敢？哼！**鹿死谁手**还不知道呢！"说着，他叫一个士兵从二十米高的地方跳下去。

丙国士兵听了**咆哮如雷**："您疯了吗？让我从这**拔地倚天**的地方跳下去，我岂不是**一命呜呼**了吗？"丙国军官这才得意地说："看到没有？连军令都敢违抗，这才叫真正的勇敢！"

成语意思猜一猜

1._____：指两相比较，稍微强一点。

2._____：发布命令。

3._____：比喻共争天下，不知谁能取得政权。也指不知谁能取得最后胜利，现在多用于比赛。

4. _____：经过系统严格的训练，因而具备了一定的水准。

5. _____：是命令就服从，不敢有半点违抗。

6. _____：比喻高大突出，气势雄伟。

7. _____：指死亡，常含诙谐（huī xié）之意。

成语运用
猜一猜

1. 对方实力很强，但我的技法_____，最终获得了比赛的冠军。

2. 从星期六的比赛可以看出，他们的确是一支_____的队伍。

3. 他是主人忠实的奴仆，对主人_____，从不敢有半点违抗。

4. 教练一_____，队员们立刻就位，准备开始比赛。

5. 今天，我们学校举行了一次运动会，运动员们个个争先恐后，_____，谁也不让谁。

6. "别高兴得太早，_____还不一定呢！"他轻蔑（miè）地对其他选手说。

7. 你还是离我远一些，我不想被你气得_____。

8. 他恼怒地冲着我_____。

9. 一座座_____的山峰，让人望而却步。

第 19 篇

有耐心的好爸爸

"哇哇！哇哇！"洪亮的哭闹声在顾客**比肩接踵**（zhǒng）的超市里响起，大家忍不住**东张西望**，想知道声音是从哪里发出来的。这时候，一个爸爸推着一辆手推车，上面坐着一个小孩。小孩不断地哭闹，**拳打脚踢**的，爸爸只能一边跟大家点头道歉，一边继续购物。

虽然这样**狼狈不堪**（kān），这个爸爸还是勉强挤出笑容，嘴里不住**呢喃**（ní nán）**细语**："不要生气，文正！不要生气，文正！"

这时，一位**楚楚动人**的女士说："先生，你这样不断地安抚儿子，你真有耐心，了不起啊！"这个爸爸无奈地说："唉！女士，我才是文正！"

成语意思 猜一猜

1. ＿＿＿＿＿＿：小声说话。

2. ＿＿＿＿＿＿：形容处境极为困苦、窘迫，进退两难，难以忍受。

3.＿＿＿＿＿＿：用拳打,用脚踢。形容殴(ōu)打得极为凶暴。

4.＿＿＿＿＿＿：各处张望或向四周寻找查看。

5.＿＿＿＿＿＿：多形容青年女性娇柔秀美,使人心动。

6.＿＿＿＿＿＿：肩挨着肩,脚挨着脚,形容人多拥挤。

 **成语运用**
猜一猜

1. 请你专心听课,不要一直＿＿＿＿＿＿＿＿＿,影响别人。

2. 妈妈很有耐心,一直在小宝宝耳边＿＿＿＿＿＿＿＿＿。

3. 这场大雨让大家＿＿＿＿＿＿＿＿＿,衣服都打湿了。

4. 她那张秀丽的脸庞显得更青春焕发,＿＿＿＿＿＿＿＿＿。

5. 热闹繁华的北京王府井大街上,行人＿＿＿＿＿＿＿＿＿。

6. 他只是个小孩子,就是犯了再大的错误也不能对他＿＿＿＿＿

＿＿＿＿＿＿。

 **成语 万事通**

狼与狈

狈,为中国传说中的一种动物,犬属,为狼的近亲,其聪明程度远超过狼,是狼群的军师。由于狈的前腿特别短,所以走路时要趴在狼的身上。狼和狈在一起做坏事,便有了成语"**狼狈为奸**"(比喻互相勾结干坏事)。狼与狈一起仓皇而逃,便有了"**狼狈逃窜**""**狼狈而逃**"[形容仓皇猥琐(wěi suǒ)地逃跑的不堪丑态]。

第 20 篇

飞了多高啊？

　　第一次坐飞机的王奶奶非常紧张，从坐上飞机的那一刻起，她就显得**惴（zhuì）惴不安**。陪同搭飞机的亲友在旁边**好言好语**地安慰她，王奶奶还是没办法放松心情。

　　飞机一发动，发出**震耳欲聋**的声音，王奶奶更是抓紧扶手，紧闭双眼，嘴里念着"阿（ē）弥陀（tuó）佛，阿弥陀佛……"一副**魂（hún）不附体**的样子。短短的几分钟，对她来说，却像**地老天荒**一样，等外面稍微安静，王奶奶才鼓起勇气睁开了眼睛，往窗外看去。

　　为了掩饰自己刚才的失态，王奶奶对邻座的乘客说："我们飞了多高了啊？你看，地面上的人全都变得像蚂蚁，这创造飞机的人真了不起。"

　　邻座惊讶地说："飞机还没有起飞呢，那些都是**货真价实**的蚂蚁！"

成语意思 猜一猜

1._____：形容经过的时间很久。

2._____：形容因恐惧担忧而心神不安宁。

3._____：和善的语气和言辞。

4._____：用以表示事物实实在在，没有半点虚假。

5._____：魂魄脱离肉体，形容因惊吓过度而极度恐惧。

 成语运用
猜一猜

1. 黑夜里凄（qī）厉的哭声，把大家吓得_____。

2. 不管是_____，还是海枯石烂，我都要坚持自己
   的梦想。

3. 附近多了好几座电塔，让大家_____，害怕健康
   受到影响。

4. 他已经_____地跟你道歉了，你就原谅他吧！

5. 这时一道闪电仿佛一把利剑划破长空，紧接着_____
   _____的炸雷响了起来，随后豆大的雨点倾盆而下。

6. 做生意首先要做到_____，童叟（sǒu）无欺，
   这样生意才能红红火火。

 成语 万事通

"魂不附体"与"失魂落魄"

　　古人认为人有三魂七魄，魂魄一离体，人就剩下一个没有
知觉的空架子，因此这两个成语都形容受到极大的震惊而失去
常态。区别在于"魂不附体"专形容恐惧万分，"失魂落魄"
除了形容恐惧外，还常常形容紧张、忧虑、精神失常等。

03

第 **21** 篇

老夫老妻

黄家夫妻俩结婚多年,还是**相敬如宾**,**鹣鲽**(jiān dié)**情深**。有一天,黄爷爷吹嘘(xū)说:"别看我快80岁了,我可是**老当益壮**,记忆力、体力都不输给年轻人!"黄爷爷不只说说而已,还要黄奶奶考一考他。

黄奶奶**无可奈何**,只好说:"这样吧,明天我们要外出旅行,你就负责整理行李……"为了避免**挂一漏**(lòu)**万**,黄爷爷精心抄了一份清单认真地背起来,直到**滚瓜烂熟**。

第二天,一坐上车,黄奶奶问:"东西都带齐全了吗?"黄爷爷一口气把清单上的东西全背了出来。

"太好了,那东西放在哪儿?"黄爷爷**瞠**(chēng)**目结舌**,懊(ào)恼地说:"哎呀!我忙着背清单,东西都忘在家里了!"

成语意思 猜一猜

1.＿＿＿＿＿＿:形容读书或背书极为纯熟流利。

2.＿＿＿＿＿＿:指夫妻互相尊敬、爱护,很客气,像对待客人一样。

3.＿＿＿＿＿＿:指顾及者少,遗漏者多。用于自谦思虑不周。

4. _____：瞪着眼睛说不出话来。形容窘困或惊呆的样子。

5. _____：像比翼鸟与比目鱼那样相依相偎，比喻夫
妻爱情深厚，相处融洽（róng qià）。

 **成语运用** **猜一猜**

1. 把要带的东西列一张表，到时候再逐项清点，就不会_____
_____了。

2. 李爷爷已经80岁了，还每天跑5000米，真是_____。

3. 大家都说爷爷奶奶是一对_____、_____的
模范夫妻。

4. 为了上台表演，我已经把这首词背得_____了。

5. 跳绳比赛中，小艺的超常发挥让大家看得_____。

6. 眼看着别人买走了最后一本我想要买的杂志，真是_____
_____。

 **成语** **万事通**

情深意重的动物

在动物界，真的有"鹣鲽情深"彼此不离弃的"模范夫妻"。

小羚羊、疣（yóu）猴、胡狼、鹦鹉还有企鹅一旦选定了对象，
就不会分离，还会分摊照顾下一代的工作。

第 22 篇

新壁纸的效果

晓萍住在一个建筑**美轮美奂**的小区，她想把家里布置得漂漂亮亮的。她走进一家壁纸专卖店，里面**琳琅**（lín láng）**满目**的壁纸图案让她**眼花缭**（liáo）**乱**。老板问："您想挑怎样的图案呢？"晓萍想了想，说："我先生总是睡不安稳，可以贴怎样的壁纸呢？"

老板**满腔热忱**地说："你可以在卧室贴森林图案的壁纸，绿色让人仿佛走进**万籁**（lài）**无声**的大自然。我相信，贴上后，一定能让你先生睡得很好。"

几天后，晓萍经过壁纸专卖店，老板问："那款壁纸效果如何？"晓萍睁着一双熊猫眼，无奈地说："他呀，睡得可好啦，不到3分钟就**鼾**（hān）**声如雷**，现在轮到我睡不安稳了。"

成语意思
猜一猜

1.＿＿＿＿＿＿＿：形容房屋高大华美而众多。

2.＿＿＿＿＿＿＿：形容满眼所见都是珍贵美好的东西。

3.＿＿＿＿＿＿＿：形容睡得很深，鼾声很大。

4. ＿＿＿＿＿＿＿＿＿＿：眼睛看见复杂纷繁的东西而感到迷乱。

5. ＿＿＿＿＿＿＿＿＿＿：万物无声，一片寂静。

成语运用
猜一猜

1. 我们在＿＿＿＿＿＿＿＿＿＿＿＿的星空下，许下永远当好朋友的诺（nuò）言。

2. 爸爸刚躺下没多大一会儿，就＿＿＿＿＿＿＿＿＿＿＿＿。

3. 商场里的售货员阿姨总是＿＿＿＿＿＿＿＿＿＿地为我们服务。

4. 广场附近的建筑＿＿＿＿＿＿＿＿，商场里面的装潢（huáng）很漂亮，更重要的是货物＿＿＿＿＿＿＿＿，让人看得＿＿＿＿＿＿＿＿。

成语 万事通

成语里的乐器

古人讲究"礼乐"，成语里也经常出现各式各样的乐器。

"万籁无声"里面的"籁"，是一种三个孔的乐器，有点像笙（shēng）。

"滥竽（yú）充数"里面的"竽"，是一种战国到汉代盛行的吹奏乐器，有 23~36 个竹管，像较大的"笙"。

"琴瑟（sè）和鸣"，其中的"琴"，可能是乐器中的古琴、七弦琴或是月琴。"瑟"是一种弹拨弦乐器，和琴的形状相似。

第 23 篇
赶不走的客人

小伟家里有一个前来寄住的远房亲戚，原本说只住几天，**出人意料**的是他一住就是三个星期。小伟对这个亲戚**深恶（wù）痛绝**，于是和太太暗地里**铺谋设计**，想对客人下**逐客令**。

小伟说："今天晚上我先嫌你的菜煮得难吃，而你要**固执己见**，接着我们假装**破口大骂**，请他公断。如果他说你烧得好，我就假装气呼呼地赶他走；如果他赞同我，换成你气哼哼地请他离开。"

这天晚上，夫妻俩就**照本宣科**，先是小声抱怨，后来争执得**不可开交**。最后，小伟转向寄住的亲戚说："你认为我老婆烧的菜怎么样？"

没想到这位**涎（xián）皮赖脸**的亲戚竟然说："我才来三个星期，还吃不出味道的好坏。等我再吃几个月后，再做评判吧！"

成语意思猜一猜

1.＿＿＿＿＿＿＿：厌恶、痛恨到极点。

2.＿＿＿＿＿＿＿＿：泛指主人赶走不受欢迎的客人。

3.＿＿＿＿＿＿＿＿：以恶言大声咒骂。

4.＿＿＿＿＿＿＿＿：顽固地坚持自己的意见，不肯改变。

5.＿＿＿＿＿＿＿＿：刻板地照着现成的文章或稿子宣读，指不知灵活运用。

6.＿＿＿＿＿＿＿＿：巧作安排设下计谋。

7.＿＿＿＿＿＿＿＿：厚着脸皮纠缠，惹人厌烦。

 成语运用
猜一猜

1. 他都已经＿＿＿＿＿＿＿＿＿＿了，你还好意思再待在这里吗？

2. 王经理一向注重细节，对上班迟到的行为＿＿＿＿＿＿＿＿＿。

3. 他的脾气不好，稍不如意就会＿＿＿＿＿＿＿＿＿。

4. 你只会＿＿＿＿＿＿＿＿＿，而不是绘声绘色地讲解，怎么能引起大家的兴趣呢？

5. 这次运动会，身体虚弱的小强＿＿＿＿＿＿＿＿＿地拿了个短跑第一名的好成绩。

6. 兄弟俩为了一点小事，吵得＿＿＿＿＿＿＿＿＿，真不应该。

7. 他谁的意见也不听，总是＿＿＿＿＿＿＿＿＿。

8. 他是个＿＿＿＿＿＿＿＿＿的寄生虫，自己什么本事也没有，只会问父母要钱花。

9. 警察＿＿＿＿＿＿＿＿＿，只等犯罪嫌疑人自投罗网。

第 **24** 篇

慢吞吞先生

　　李翰是有名的慢吞吞先生，因为动作慢，害得他**接二连三**地丢了好几份工作，眼看就要**坐吃山空**。当动物园园长的伯父，介绍他到动物园工作，可是他做起事来像**老牛破车**，伯父很烦恼，不知道要派他做什么工作比较适合。有人建议："他的动作那么慢，就让他管乌龟区吧！"于是，李翰就被派去管理乌龟。

　　当天傍晚，伯父**一时兴起**想去看看李翰工作的情形，没想到李翰**面无人色**地站在打开的大门旁，双腿微微发抖。

　　伯父**惴惴不安**地问："怎么回事？"李翰**心有余悸**（jì）地左看右看，哭丧着脸说："好可怕！我一打开铁门，乌龟就'呼'的一声全跑掉了，挡都挡不住！"

成语意思猜一猜

1. ＿＿＿＿＿＿：比喻只消费而不事生产，以致把家产吃尽用光。

2. ＿＿＿＿＿＿：面容没有血色。形容非常惊惧而脸色发白。

3. ＿＿＿＿＿＿＿＿：突发奇想，突然间的兴致所致。

4. ＿＿＿＿＿＿＿＿：行走非常缓慢。比喻做事慢吞吞，没效率。

 **成语运用**
猜一猜

1. 你做事像＿＿＿＿＿＿＿＿一样费时，谁敢对你委以重任呢？

2. 在陡峭（dǒu qiào）的山路上骑马的事虽然过去了，回想起来还是＿＿＿＿＿＿＿＿。

3. 再怎么有钱也要工作，＿＿＿＿＿＿＿＿总是不对的。

4. 最近天气不好，班里的同学＿＿＿＿＿＿＿＿地生病了。

5. 她正和我聊着天，＿＿＿＿＿＿＿＿又要去游泳。

6. 他一想到考试作弊（bì）的事，心里就感到＿＿＿＿＿＿＿＿。

7. 放学时，一辆面包车突然冲过来，我吓得＿＿＿＿＿＿＿＿。

 **成语万事通**

坐吃山空，立吃地陷

　　"坐吃山空，立吃地陷"出自元代戏曲作家秦简夫《东堂老劝破家子弟》第一折：便好道"坐吃山空，立吃地陷"；又道是"家有千贯，不如日进分文"。"坐吃山空"与"立吃地陷"都是只消费不生产，直到财富耗尽的意思。

第 25 篇

谁比较聪明？

科学家搭火车到迢（tiáo）迢千里之外的地方去，邻座是一个诗人。恃才傲物的科学家想：诗人只会无中生有，今天让他见识一下我们科学家虑周藻（zǎo）密的风范。于是他就对诗人说："我们来相互质疑问难好不好？我问你问题，如果你答不出来，你给我十元；你问我问题，如果我答不出来，我给你一百元。"

科学家问："地球到月亮之间有几公里？"诗人答不出来，拿了十元给科学家。接着，诗人问："什么东西有三条腿，会飞，会跑，还会游泳呢？"

科学家原本以为没有什么疑难杂症可以难倒他的，可是想了好久，也没想出答案，只好拿一百元给诗人。原本趾高气扬的科学家，忍不住低声下气地问诗人："你能告诉我你的答案是什么吗？"诗人付之一笑，说："我也不知道，我给你十元吧！"

成语意思 猜一猜

1.＿＿＿＿＿＿：形容路途遥远漫长。

2.＿＿＿＿＿＿＿＿：走路时脚抬得很高，样子显得十分神气。
　　　　　　　　　形容人骄傲自满，得意忘形。

3.＿＿＿＿＿＿＿＿：各种病因不明或难治的病。比喻不易理解
　　　　　　　　　或难以解决的问题。

4.＿＿＿＿＿＿＿＿：提出怀疑困惑的问题，请求解答。

5.＿＿＿＿＿＿＿＿：把没有的说成有，指凭空捏造。

6.＿＿＿＿＿＿＿＿：形容说话和态度卑下恭顺的样子。

7.＿＿＿＿＿＿＿＿：仗着自己有才能，骄傲而看不起旁人。

8.＿＿＿＿＿＿＿＿：考虑周到，措辞缜（zhěn）密。

9.＿＿＿＿＿＿＿＿：一笑了之，表示毫不介意。

成语运用 猜一猜

1. 他博学多识，有任何＿＿＿＿＿＿＿＿＿＿都可以向他请教。

2. 你不远＿＿＿＿＿＿＿＿＿＿＿＿赶来这里，竟然只是为了向他
　＿＿＿＿＿＿＿＿＿＿，这种好（hào）学的态度让人敬重。

3. 你不要理睬那些＿＿＿＿＿＿＿＿＿、挑（tiǎo）拨是非的人。

4. 得了大奖，他＿＿＿＿＿＿＿＿的，连说话都变得大声了。

5. 每个人都是平等的，不要认为服务员就应该＿＿＿＿＿＿＿＿。

6. 无论面对多大困难，他都若无其事地＿＿＿＿＿＿＿＿。

7. 他＿＿＿＿＿＿＿＿＿，您尽管放心让他处理好了。

8. 你要时刻记得大家对你的帮助，不要＿＿＿＿＿＿＿＿，
　辜（gū）负了大家的重托。

第 26 篇
两倍的愿望

　　小芳和小芬是一对双胞胎，两人常常为了小事**争长论短**。有一天，两人在沙滩上漫步，走着，走着，突然发现一个**古色古香**的茶壶被海浪冲上岸来。小芳一时好奇，捡起茶壶擦了擦，突然一个**面目可憎**的精灵从茶壶里飘了出来。

　　两人吓得两腿发软，动弹不得，没想到精灵**和颜悦色**地说："主人，别怕！你们把我放了出来，这种**大恩大德**让我**没（mò）齿难忘**，我可以满足你们一人一个愿望。"小芬起了贪心的念头，**迫不及待**地说："我要小芳愿望的两倍！"精灵说："没问题！"然后对小芳说："你有什么愿望呢？"个头矮小的小芳说："我希望我的身高是 172 厘米！"

成语意思猜一猜

1.＿＿＿＿＿＿：计较利害得失，争论谁是谁非。

2.＿＿＿＿＿＿：高雅而富有古代的色彩与风味。

3.＿＿＿＿＿＿：容貌令人觉得讨厌。

4.＿＿＿＿＿＿：指永远难以忘记。

成语运用
猜一猜

1. 你的大恩大德，让我_____。

2. 他为人势利，那副_____的模样，让人不敢亲近。

3. 她_____地跑出去迎接出差（chāi）回家的妈妈。

4. 这栋建筑经过专家的整修，回复原本_____的样貌。

5. 诲人不倦的王老师总是_____地和我们讲话。

6. 人生不过短短数十年，何必与人_____呢？

成语万事通

成语中的"长短"

既有"长"又有"短"的成语可不少呢。

"**长吁短叹**"（长一声、短一声不住地叹气，形容发愁的神情）、"**长话短说**"[要说的话很多，一时不能说清，只用扼（è）要的几句话表明主要意思]中的"长短"表示长度或尺寸。

"**取长补短**""**扬长避短**""**寸长尺短**"（比喻人各有长处和短处。亦指微才薄技）、"**持人长短**"（指抓住他人的缺点过失作为把柄，加以攻击）中的"长短"意为长处和短处。

"**说长道短**"（指议论别人的好坏是非）、"**飞短流长**"（造谣生事，搬弄是非）中的"长短"指是非、好坏。

第 27 篇

小杰的歌喉

放暑假时，小杰和小义两个人开始骑自行车环岛旅游。他们白天**风尘仆**（pú）**仆**地赶路，晚上找地方休息。有一天晚上，他们住在小镇上一家破旧的旅馆里。这家**茅茨**（máo cí）**土阶**的小旅馆，设备简陋，灯光昏黄，也没有电视，两人只能早早上床睡觉。

半夜，小杰**辗转反侧**睡不着，就到阳台上纳凉，他看到**月光如水**的景致，心里非常舒畅，忍不住哼唱了几句，这时候，住在隔壁房间的小义**惊魂未定**地冲出来，紧张地问："你刚刚有没有唱歌？"

小杰知道自己歌喉不佳，不敢承认，说："没有啊！"小义**面如土色**地说："我妈妈说鬼月不要出门，因为这段时间地狱的门是打开的，到处是饿鬼，果然没错，我刚刚听到**鬼哭狼嚎**（háo）！"

成语意思猜一猜

1.＿＿＿＿＿＿：形容心里有事，翻来覆去地不能入睡。

2.＿＿＿＿＿＿：形容大声哭叫，声音凄厉。

3.＿＿＿＿＿＿＿：形容四处来往奔波，旅途劳累。

4.＿＿＿＿＿＿＿：形容月色皎（jiǎo）洁柔和。

5.＿＿＿＿＿＿＿：茅草盖的屋顶，泥土砌的台阶。形容屋舍
　　　　　　　　简陋。

6.＿＿＿＿＿＿＿：指受惊后心情还没有平静下来。

1. 她胆子最小，听完鬼故事之后，更是＿＿＿＿＿＿＿＿。

2. 昨天晚上，我＿＿＿＿＿＿＿总是睡不着。

3. 啊！这＿＿＿＿＿＿＿的景致，让人感到多么宁静啊！

4. 他＿＿＿＿＿＿＿地赶往各地，只为了传播传统文化。

5. 旅行时，事事都新鲜，即使是乡间的＿＿＿＿＿＿＿，也
　　别有风情。

6. 这哪是唱歌啊，简直是＿＿＿＿＿＿＿。

7. 地震发生之后，灾区群众＿＿＿＿＿＿＿。

成语中的"鬼"（一）

　　成语里有各式各样的鬼。

　　各自心中藏有不可告人的心事，叫作"**各怀鬼胎**"；行动
偷偷摸摸，不光明正大是"**鬼鬼祟（suì）祟**"；哭得悲切凄惨，
叫作"**鬼哭狼嚎**"。

第 28 篇

半斤八两的兄弟

　　哥哥大方和弟弟大如两个人都非常吝啬（lìn sè）：一个**一毛不拔**，一个**爱财如命**。两人常暗中较劲，**不相**（xiāng）**上下**。

　　大方生日时，大如送上一个鸡蛋，还故作客气地说："老哥，生日快乐，祝你**福如东海**！我送上一只肥鸡祝寿，只是稍微嫩了点。小小薄（bó）礼，不成敬意。"哥哥**一言不发**地收下了。

　　后来，轮到弟弟过生日，哥哥在路边随手折了几根竹子就登门拜访，说："老弟啊，生日快乐！为了表示**礼尚往来**，我送上几斤竹笋，只是稍微老了点，但**礼轻情意重**，请你笑纳。"

成语意思 猜一猜

1.＿＿＿＿＿＿＿：一根汗毛也不愿意拔取。形容非常小气。

2.＿＿＿＿＿＿＿：爱惜钱财，就好像疼惜自己的生命一样。
　　　　　　　　　形容十分吝啬、贪财。

3.＿＿＿＿＿＿＿：一句话也不说。

4.＿＿＿＿＿＿＿：福气像东海一样深广。是祝寿的吉祥话。

5.＿＿＿＿＿＿＿：分不出高低。形容数量、程度差不多。

6. _____：别人以礼相待，也要以礼回报。

7. _____：礼物虽然很轻，但情意很深厚。

 **成语运用**
猜一猜

1. 他俩打球的水平_____。

2. 爷爷生日时，我祝福爷爷_____，寿比南山。

3. _____的他_____，怎么可能捐款呢？

4. 别人送了这份大礼，我们也要懂得_____。

5. 不知道为什么，他_____就走了。

6. 我过生日，远方的朋友寄来一张贺卡，我很感动，正所谓，千里送鹅毛——_____。

 **成语万事通**

重要的"一毛"

　　成语中，"一毛"有很多不同的意思。

　　可以日行千里的良马，叫作骐骥（qí jì）。"**骐骥一毛**"就用来比喻稀有珍贵物品的极小部分。牛身上长满了毛，假如有九头牛，那就有数不清的牛毛了，所以"**九牛一毛**"用来比喻极大数量中的一小部分。人身上的汗毛何止千千万，拔一毛而利天下的事都不愿做的人，是何等自私自利，所以"**一毛不拔**"就用来形容为人十分自私小气。

第 **29** 篇

另一只鞋子呢？

　　骆先生是公司高管，每天**日理万机**，常常**深更（gēng）半夜**才能回家。他到家时感觉**如释重负**，总是两脚一踢，"砰！砰！"两声，将束缚了自己一天的皮鞋重重地甩在木地板上。这种举动，让住在楼下的谢老太太每晚总是在睡梦中被惊醒。

　　原本，谢老太太都是**逆来顺受**的，有一天，她终于**忍无可忍**，跑来敲骆先生的门，说："请您半夜回来时，脱鞋小声点。"骆先生这才赶紧向她道歉。

　　第二天晚上，骆先生回家后，又**故态复萌**，习惯性地踢掉一只鞋子。这时候，他突然想起谢老太太的话，于是把左脚的鞋脱下来，轻轻放好。一个小时后，睡梦中的骆先生被急促的敲门声吵醒，打开门，原来是满脸倦容的谢老太太。

　　谢老太太**怒气冲冲**地说："我已经等了一个小时了，另一只鞋子呢？到底什么时候才脱？"

成语意思 猜一猜

1.＿＿＿＿＿＿：指深夜。

2.＿＿＿＿＿＿：以顺从的态度接受恶劣环境或不合理的待遇。

3. ＿＿＿＿＿＿＿＿：恢复原本的样子，形容老毛病又犯了。

4. ＿＿＿＿＿＿＿＿：每天处理大量要务，形容政务繁忙（多指高级领导人）。

 成语运用
猜一猜

1. 他是公司的负责人，＿＿＿＿＿＿＿＿，忙得没时间去度假。

2. 爸爸工作很忙，总是＿＿＿＿＿＿＿＿才回家。

3. 不知道谁惹到他了，他＿＿＿＿＿＿＿＿地走了。

4. 高考结束，考生们＿＿＿＿＿＿＿＿。

5. 这种家庭暴力，换了别人，早就＿＿＿＿＿＿＿＿了，因为你一直＿＿＿＿＿＿＿＿，才让他老是＿＿＿＿＿＿＿＿。

 成语 万事通

"逆来顺受" 与 "针锋相对"

对任何事情总是采用顺从或忍让的方式处理，就叫"逆来顺受"；而"针锋相对"则比喻在斗争中针对对方的言论、行动等采取相应的行动、措施。

"逆来顺受"的人虽少惹麻烦，但行动缺乏主见，是一种消极的人生态度；"针锋相对"虽能逞一时之快，但会激发矛盾。在生活中我们不能一味"逆来顺受"，失去自我，也不能事事"针锋相对"，让自己陷入孤立无援的境地。

第 30 篇

纸条传情

　　每天早上，蔡大哥都**按部就班**地坐七点十分那班公共汽车。为什么呢？因为那班公共汽车上常会坐着那位让他**怦然心动**的女孩。他很想跟对方做朋友，但一看到女孩**巧笑倩（qiàn）兮**的笑容，他就鼓不起勇气，只能**望而却步**。这天，蔡大哥终于鼓足了勇气，写了一张纸条给她。

　　他在纸条上工整地写着："美女，你好。你的美丽，让我**神魂颠倒**。我喜欢你很久了，很想和你做朋友。如果你愿意，请将纸条传回，否则就将纸条丢出窗外，让它随风而逝吧！"

　　没多久，纸条竟然传回来了。蔡大哥**欣喜若狂**，打开纸条一看，纸条上写着："对不起！窗户打不开……"

成语意思 猜一猜

1._____：多指做事按照一定的步骤、顺序进行。也指按老规矩办事，缺乏创新精神。

2._____：形容女子美好的笑容。

3. _____：形容因动情或入迷而神志恍惚，心意迷乱。

4. _____：看到了危险或力不能及的事而往后退缩。

成语运用
猜一猜

1. 姨妈美丽的容貌，曾让姨夫_____，日思夜想。

2. 一看到偶像_____的容颜，他就忍不住_____
_____，想跟偶像合唱一首歌曲。

3. 她冷漠的表情，让大家_____，不敢跟她多说话。

4. 这一偶然的发现，使几位天文工作者_____。

5. 他做事一向循规蹈矩、_____，没有一点创意。

成语 万事通

巧笑倩兮，美目盼兮

"巧笑倩兮"的下一句是"美目盼兮"，倩是指笑靥（yè）美好的样子，盼是眼睛黑白分明。这两句的意思是俊俏的脸蛋笑得很美，眼睛转动得令人销魂。

这两句语出《诗经·卫风·硕人》。《硕人》描述了春秋时代卫庄公夫人庄姜从齐国嫁到卫国时的盛况，赞颂了庄姜容貌的美丽。千古佳句"巧笑倩兮，美目盼兮"是《硕人》的点睛之笔，两句的关键都在于写出了美人独特的神韵与风度。

04

第四单元

第 31 篇
谁受欢迎？

有一天洋葱和马铃薯在菜篮子里**较短比长**，争论谁受欢迎。马铃薯说："我比较受欢迎，许多人都把我当饭吃，还说吃我是'**多多益善**'呢！"

洋葱说："才不呢！我绝对比你受欢迎！"

马铃薯又说："哼！你凭什么这么说啊？"

洋葱**得意扬扬**地说："我这么说可是**有凭有据**的！难道你没看见人们在剥（bāo）我的皮时，都**泪如雨下**！你就知道他们对我多么**恋恋不舍**呀！"

马铃薯：……

成语意思猜一猜

1.＿＿＿＿＿＿：指越多越好。

2.＿＿＿＿＿＿：有确实的凭证、根据。

3.＿＿＿＿＿＿：十分留恋、爱慕，舍不得离开。

4.＿＿＿＿＿＿：眼泪像雨水似（shì）的直往下流。形容悲痛或害怕之极。

5.＿＿＿＿＿＿＿：比较长短，评论优劣。

成语运用
猜一猜

1. 弟弟喜欢跟同学＿＿＿＿＿＿＿＿＿，所以他的人缘很差。

2. 警察抓人要＿＿＿＿＿＿＿＿＿，不可以随便把人扣押起来。

3. 妈妈说，每天吃蔬菜水果＿＿＿＿＿＿＿＿＿，因为它们含有丰富的维生素，对身体好。

4. 爷爷＿＿＿＿＿＿＿＿地离开居住了三十年的房子。

5. 他因成功而＿＿＿＿＿＿＿＿。

6. 听到外婆过世的噩耗（è hào），顿时我＿＿＿＿＿＿＿＿＿，悲痛万分。

成语万事通

韩信将兵，多多益善

　　刘邦曾与韩信讨论各位将领的才能，认为他们各有高下。刘邦问韩信："像我自己，能带多少士兵？"韩信说："陛下不过能带十万人。"刘邦说："那么你呢？"韩信回答："像我，越多越好。"刘邦笑道："你统率士兵越多越好，那为什么还受制于我呢？"韩信说："陛下不善于带兵，但善于统率将领，这就是我受陛下统治的原因。而且陛下的能力是天生的，不是后天的努力所能达到的。"

第 32 篇

望子成龙

李太太**一心一意**地想提升八岁儿子的艺术修养，她常常带他到**典则俊雅**的艺术馆，欣赏艺术作品或听音乐会。

这一天，李太太第一次带儿子去欣赏小提琴独奏会。一开始，儿子还能**平心静气**地聆（líng）听，过了两个小时，台上的演奏者依然**欲罢不能**，**如痴如醉**地拉着，儿子开始**坐立不安**。

儿子终于**不由自主**地问："妈！这个音乐会简直是**漫无止境**呀！他要到什么时候才能把那个木盒子锯开？"

成语意思 猜一猜

1. ＿＿＿＿＿＿＿：想要停止却做不到。

2. ＿＿＿＿＿＿＿：形容焦急、烦躁，心神不宁的样子。

3. ＿＿＿＿＿＿＿：永无休止的时候。

4. ＿＿＿＿＿＿＿：端庄高雅而标致。

5. ＿＿＿＿＿＿＿：心情平和，态度冷静。

6. ＿＿＿＿＿＿＿：心思、意念专一。

7. _____：形容阅读诗歌、小说，听戏曲、音乐等时忘我的精神状态。

成语运用
猜一猜

1. 听到奶奶出了车祸，被送到医院急救，我和弟弟都_____
_____。

2. 涵涵做作业总是_____的，绝不一边看电视一边做作业。

3. 我每次一玩电动玩具，就_____，连饭都不想吃。

4. 希望你_____地想一想，不要意气用事。

5. 哥哥说求学这条路看起来_____，不知道要走多久，才能到达目的地。

6. 看到这感人的一幕，我_____地流下了眼泪。

7. 他沉浸在美妙的音乐中_____。

8. 皇后_____，让人一看就产生敬仰之情。

成语 万 事 通

成语中的"思虑"

动机不纯的思虑是"处心积虑"；最辛苦的思虑是"殚（dān）精竭（jié）虑"（形容用尽精力、费尽心思）；最成熟的思虑是"深思熟虑"（指反复深入细致地考虑）。

第 33 篇

鳄鱼皮鞋*

一个巴西人看到朋友穿了一双鳄鱼皮鞋，大为羡慕。一问之下，才知道**物以稀为贵**，价钱相当昂贵，于是便决定自己去捕捉鳄鱼。

他**东寻西觅**，费了**九牛二虎之力**找到一片沼泽（zhǎo zé）地，便跳下水和鳄鱼搏斗。鳄鱼在巴西人的疯狂追捕中，依然作**困兽之斗**，过了两小时，才被他拖上岸。

这个巴西人把鳄鱼翻过身来，**气急败坏**地喊着："真是**枉（wǎng）费心机**！这只鳄鱼竟然不穿鞋子！"

*本故事纯属虚构。根据国家相关规定，鳄鱼是国家保护动物，请不要捕捉，也不要靠近它。

成语意思 猜一猜

1.＿＿＿＿＿＿：到处寻找。

2.＿＿＿＿＿＿：比喻在绝境中顽强抗争。

3.＿＿＿＿＿＿：白白地浪费心思。形容徒劳无功。

4.＿＿＿＿＿＿：形容费了很大的力气才完成一件事。

5.＿＿＿＿＿＿：东西稀少就显得珍贵。

成语运用
猜一猜

1. 相貌丑陋的陈哥哥努力追求美艳的姐姐，姐姐叫他别再____
____。

2. 志愿者_____，终于在山洞里找到了受伤的老虎，开展救助行动。

3. 妈妈说_____，所以钻石的价格十分昂贵。

4. 歹徒在警方重重包围之下，依然作_____。

5. 他们费了_____，才完成这次的任务。

6. "这到底是谁干的？"小丽指着自己白裙上的墨迹，_____
_____地问旁人。

成语万事通

成语中的"东、西、南、北"

在很多成语中，东、西、南、北这四个方位词与生机密切相关。

东方是太阳出来的地方，是给大地带来光明和温暖的方向。**"东风化雨""东风入律"**（春风和煦，韵律协调。比喻生意盎然的太平盛世）中的"东风"也就是"春风"，给大地带来勃勃生机。

南方日照时间长，草木葱郁，是生养之方。成语**"福齐南山""南山之寿""寿比南山"**中的"南山"隐喻生命长久。

西方是太阳沉落的地方，因此"西"比喻黑暗和死亡。人临近死亡说**"日薄（bó）西山""日落西山""西山日薄"**，描绘衰败没落悲凉的景象用**"西风残照""西风落叶""西风斜阳"**。

"北"和"西"相似，常连用表示毫无生气，如**"喝西北风"**。

第 34 篇

天堂的棒球

老王和老黄是一对**志同道合**的好朋友，他们共同的爱好是打棒球。由于他们都热爱棒球，所以彼此约定，如果谁先**驾鹤西归**，就先去看天堂有没有棒球可以打。

这一天终于来了。老王因病逝世，老黄失去了**莫逆之交**，整个人看起来**悲悲戚戚**的。

不久之后，一天夜里，老黄梦到这位让他**魂牵梦萦**（yíng）的好友，他对老黄说："**果不其然**，天堂里也有棒球，而且明天就轮到你当投手了。"

成语意思 猜一猜

1.＿＿＿＿＿＿＿：彼此的志趣和思想一致。

2.＿＿＿＿＿＿＿：形容思念深切，无法排遣。

3.＿＿＿＿＿＿＿：悲伤、哀凄的样子。

4.＿＿＿＿＿＿＿：婉辞，称所尊敬的人去世。

5.＿＿＿＿＿＿＿：事情的结果与预料的一样。

6.＿＿＿＿＿＿＿：指非常要好或情投意合的朋友。

1. 他在外漂泊（piāo bó）多年，今天终于回到＿＿＿＿＿＿＿＿的故乡。

2. 我喜欢结交＿＿＿＿＿＿＿＿的朋友，可以一起切磋（cuō）球技。

3. 爷爷已经＿＿＿＿＿＿＿＿，我永远也见不到他了。

4. 我一开始就料到他不会取胜，＿＿＿＿＿＿＿＿，他真是输得够惨。

5. 小明和小杰是＿＿＿＿＿＿＿＿，只要有什么心事，都会告诉对方。

6. 他看起来＿＿＿＿＿＿＿＿的，可能是发生了什么不幸的事。

 成语万事通

驾哪种鹤西去呢？

"驾鹤仙游""驾鹤西归""驾鹤成仙"等都是古人对于死的婉转说法。驾的鹤是哪种鹤呢？

鹤是指丹顶鹤，生活在沼泽或浅水地带的一种大型涉禽，常被人冠以"湿地之神"的美称。它与生长在高山丘陵中的松树毫无缘分。但是由于它的寿命长五六十年，人们常把它和松树绘在一起，作为长寿、吉祥和高雅的象征。丹顶鹤在中国文化中有崇高的地位，常被与神仙联系起来，又被称为"仙鹤"。

第 35 篇

特技蚂蚁

一名男子被判刑十二年，在狱中**穷极无聊**。

有一天，他发现一只蚂蚁竟然听得懂他的话，觉得**不可思议**，于是便开始训练它。几年之后，这只蚂蚁不仅会倒立、翻筋斗，还会走钢索、跳火圈，令他啧（zé）**啧称奇**。

后来他终于出狱了，看起来**精神焕发**，准备随时向人炫耀他那只神奇的蚂蚁。他来到一间酒吧，先向服务员点了一杯酒，然后**耀武扬威**地把蚂蚁从口袋里掏出来放在桌上。他对服务员说："嘿！看看这只蚂蚁！"

服务员一看，立马用手把蚂蚁拍死了，然后**诚心诚意**地对他说："对不起！对不起！我马上换一杯新的给你。"

成语意思猜一猜

1. _____：形容无趣乏味到极点。

2. _____：咂（zā）嘴发出声音，表示惊奇，赞叹。

3. _____：精神振奋，情绪高昂。

4. _____：真挚诚恳。

 **成语运用**
猜一猜

1. 你的作业完成得这么快，简直_____。

2. 她泡完温泉后，整个人看起来_____。

3. 我_____地向老天爷祈（qí）求，希望可以考上理想的学校。

4. 火山爆发的壮丽景观，让人_____。

5. 田径运动会上，小明得了第一名，便在我的面前_____起来。

6. 每当_____时，我就会去运动场打球。

 **成语** **万事通**

"诚心诚意" 的出处

"诚心诚意" 出自《红楼梦》第六回。

贾府的远房亲戚刘姥姥见女儿、女婿的生活十分艰难，就亲自带着外孙板儿到贾府告援。她先去拜见贾府管家周瑞妻子，周瑞妻子猜着她的来意，说："姥姥你放心。大远的诚心诚意来了，岂有个不教你见个真佛去的呢。"于是带她去见王夫人和王熙凤。

第 36 篇
海上的光点

一艘军舰航行在海上，在某一个浓雾弥漫的夜晚，一名水手突然发现前方有一个**若隐若现**的光点，他**风驰电掣**般跑去报告舰长："不远的地方有艘船，正驶向我们，若再不改变航道，就要撞上了！"

舰长一听，立即**大声疾呼**："呼叫！呼叫！我是舰长，请立刻将你们的船，航道向东移 10 度。"

对方响应（yìng）："呼叫！呼叫！请你们向西移 10 度。"

血气方刚的舰长说："我这是军舰，你敢叫我移！"

对方**神安气定**地回答："我这是灯塔，如果你吃了**熊心豹胆**，就撞吧！"

成语意思 猜一猜

1.＿＿＿＿＿＿：指大声而急促地呼喊。

2.＿＿＿＿＿＿：比喻胆量极大。

3.＿＿＿＿＿＿：指年轻人精力正当旺盛，易于冲动。

4.＿＿＿＿＿＿：神情安适，内心平静。

5.＿＿＿＿＿＿：隐隐约约，看不清楚。

成语运用
猜一猜

1. 除非我吃了_____，才会走进鬼屋一探究竟。

2. 远处的群山在大雾中_____，仿佛仙境一般。

3. 村主任_____，叫所有村民一起去救火。

4. 我正在路上走着，突然一辆警车_____般从身边

呼啸（xiào）而过。

5. 爷爷常说年轻人_____，做事不要冲动。

6. 徜徉（cháng yáng）在大自然的怀抱里，让我感到_____

_____。

7. 江面一片漆黑，只有一点渔火_____。

成语万事通

珍贵的熊

　　熊的全身都是宝。黑熊或棕熊的脚掌是古代八珍之一，为古人所谓的养生食材。黑熊或棕熊的胆汁有清热解毒、平肝明目、杀虫止血的功效。熊皮因毛厚，保暖性强，在相当长的历史时期被当作制作衣服、帽子等的上等材料。

　　出现在成语中的熊也是健壮而宝贵的。"**虎背熊腰**"形容人身体魁梧（kuí wu）健壮，"**鱼与熊掌**"比喻珍贵而难以取舍之物，"**衣狐坐熊**"形容生活奢侈，"**梦熊之喜**"则是祝贺别人生男孩之语。

　　熊已被列为国家级保护动物，禁止猎杀。

第 37 篇

赶火车

三个**久别重逢**的好朋友在月台上等火车，大家**无所不谈**，聊得很起劲，一时忘了正在等火车。直到火车开动时，他们才赶上去，结果两位上了车，第三位**措手不及**，没有搭上车。

站台上的警卫看见第三位的神情**若有所失**，就问："火车那么挤，三个人能挤上两个，已经很不错了，为什么那么**闷闷不乐**呢？"

那个人**捶胸顿足**，叹道："该上火车的人是我呀！那两位只是来送我上车的朋友啊！"

成语意思 猜一猜

1.＿＿＿＿＿＿＿：什么话题都谈。

2.＿＿＿＿＿＿＿：长久分离后，再次见面。

3.＿＿＿＿＿＿＿：形容心中烦闷不快活的样子。

4.＿＿＿＿＿＿＿：事情发生太快，来不及还手应付。

5.＿＿＿＿＿＿＿：形容非常焦急、懊丧（ào sàng）或非常悲痛。

6.＿＿＿＿＿＿＿：神情怅惘（chàng wǎng）、失落的样子。

成语运用
猜一猜

1. 张叔叔自从爱犬走失后，便表现出一副＿＿＿＿＿＿＿＿的样子。

2. 我跟妈妈＿＿＿＿＿＿＿＿，她是我的慈母，也是我的知己。

3. 自从他们＿＿＿＿＿＿＿＿后，已经聊了三天三夜了。

4. 小亮拿到不及格的卷子后，一副＿＿＿＿＿＿＿＿的样子。

5. 洪水突然涌入，村民＿＿＿＿＿＿＿＿，很多财产都被冲走了。

6. 钱包丢了，你再＿＿＿＿＿＿＿＿也没有用，还是赶紧报警吧！

成语 万事通

成语中的"离别"

　　人与人之间，在面对离别时，总会出现难以割舍的情绪，这种情绪，令人特别感伤。成语之中就有许多描述不同"离别"的情况。

　　"离情别绪" 描述的是离别时的情绪。

　　非常留恋舍不得分开就说 **"依依不舍" "恋恋不舍"**；彼此情深意浓舍不得分开就说 **"难分难舍"**。

　　"送君千里，终须一别"，是说送客虽远，终究要分离，因此，就不必再送了，就此分别吧！

　　"劳燕分飞"，指的是伯劳鸟和燕子离散，分飞东西。常用来比喻夫妻、情人之间的分离。

第 38 篇

看见了什么？

名侦探福尔摩斯和医师华生在树林中露营，睡到半夜，福尔摩斯说："华生，抬头向上望，你看见了什么？"

华生说："我看见了满天的星星。"福尔摩斯又问："那代表什么意思？"

华生心想福尔摩斯又**突发奇想**要考验他，为了表现自己的**博学多闻**，便说："宇宙中有那么多的行星，我们能在地球上生活，实在幸运。我们是这样的**量小力微**，应该**全力以赴**，不负此生。从气象学上看来，满天的星星就代表明天会是晴天。福尔摩斯，它对你又传达了什么意思呢？"

福尔摩斯**波澜不惊**地说："不知从哪里来的**鼠窃狗偷**之辈，把我们的帐篷给偷走了。"

成语意思 猜一猜

1._____：数量少，力量薄弱。

2._____：学问广博，见识丰富。

3._____：一时兴起而想到。

4._____：指小偷小摸，比喻进行不光明的活动。

5.＿＿＿＿＿＿＿＿＿：看见风浪不惊慌，比喻心态镇定。

 **成语运用**
猜一猜

1. 交友切莫结交＿＿＿＿＿＿＿＿＿之辈，以免身败名裂。

2. 虽然我们＿＿＿＿＿＿＿＿＿，但都愿意尽一己之力帮助你。

3. 许多＿＿＿＿＿＿＿＿＿给我带来了无穷的灵感与乐趣。

4. 他是个特别冷静的人，不管遇到什么突发事情，都是＿＿＿＿＿
＿＿＿＿＿＿＿。

5. 这位老师＿＿＿＿＿＿＿＿＿，上他的课，可以学到很多知识。

6. 只要我们＿＿＿＿＿＿＿＿＿，就一定能赢得比赛。

 **成语 万事通**

老鼠过街，人人喊打

老鼠在农业社会对人类危害极大，所以人人喊打。

出现在成语中的老鼠也不受人欢迎。因老鼠的眼睛小，便有了比喻目光短浅，缺乏远见的"**鼠目寸光**"；"**獐（zhāng）头鼠目**"形容人相貌丑陋，神情狡猾；"**贼眉鼠眼**"形容神情鬼鬼祟（suì）祟。

老鼠胆小，善逃。"**胆小如鼠**"形容人胆子小，不自信；"**抱头鼠窜**"形容受到打击后狼狈逃跑。

但是，有一只老鼠却人见人爱。猜一猜它是谁。

第 39 篇

人性化体重计

一间百货公司**体贴入微**,在角落摆放了一台电子秤(chèng),让顾客可以称(chēng)称自己的体重。这台电子秤还会模拟人的声音,发出贴心的叮咛,让每位顾客都觉得很舒心。

有一天,一位**英姿焕发**的男士站上电子秤,它发出一阵**娓**(wěi)**娓动听**的声音,说:"您的体型有点胖,请留意饮食!"这位男士满意地走了。

另一位正值**豆蔻**(kòu)**年华**的女孩踩上电子秤,几秒钟后,秤发出声音:"您是标准身材,请继续保持!"女孩**笑靥**(yè)**如花**。

接下来,一位身材发福的中年妇人也上了电子秤,但秤的"反应时间"很长。终于,它**一仍旧贯**以标准悦耳的声音说:"亲爱的顾客们,请不要一起站上来,一个一个来好吗?"

成语意思 猜一猜

1.＿＿＿＿＿＿＿:一般指女子十三四岁的时光。

2.＿＿＿＿＿＿＿:形容女子的笑脸像花儿一样美丽。

3.＿＿＿＿＿＿＿:英俊威武、神采焕发。

4. _____：完全按照旧例行事。

5. _____：多指对人照顾和关怀十分细微周到。

6. _____：形容善于讲话，使人喜欢听。

成语运用
猜一猜

1. 盛夏夜晚乘凉时，妈妈总会_____地给我讲述她小时候的趣事。

2. 爸爸对妈妈_____，妈妈说自己是世界上最幸福的女人。

3. 地铁每天_____地担任载（zài）客的服务工作。

4. 国庆阅兵时，三军健儿个个精神抖擞（sǒu）、_____地通过主席台。

5. 终于获得了期盼已久的奖牌，她_____！

6. 她正值_____，却已经是好几本书的作者了。

成语万事通

少女的花样年华

　　12岁至16岁未成年的女孩被称为少女。女孩在这个如花般的年龄由不成熟走向成熟，这段年华在她们一生中都是非常宝贵和关键的。

　　古人对少女的每一个年龄阶段都有命名。12岁是"金钗之年"；13岁至14岁称"豆蔻之年"；15岁待嫁束发髻（jì）了，称"及笄（jī）之年"；16岁是"碧玉年华"。

第40篇
再等五分钟

有一天晚上，李太太临时需要一组大头照，可是照相馆都打烊（yàng）了，**迫不得已**，她带着女儿到巷（xiàng）口快速照相亭，先拍一组照片应急。

她进了亭子，先照着镜子**顾影弄姿**一番，再投下硬币，摆好姿势，依照机器指示，完成了拍照程序，等着照片自动冲洗。

大约过了十秒，女儿发现有照片掉下来，她想**先睹为快**，便**一马当先**拿起来看，看后她**目瞪口呆**，尖叫起来："天哪！妈妈，它把你照得**尖嘴猴腮**的！"

这时候，后面的一位妇人**心灰意冷**地说："对不起，那是我的照片，你妈妈的再等五分钟才会出来。"

成语意思猜一猜

1._____：形容赶在众人之前，领先前进。

2._____：心情失望，意志消沉。

3._____：反复地端详自己的形影，并摆出各种姿势，修饰容貌。

4._____：以先看到为快乐。形容渴望见到的心情。

5. ＿＿＿＿＿＿＿＿＿：像猴子似的尖嘴巴、瘦面颊（jiá）。形容
人面部瘦削，长相丑陋（lòu）。

成语运用

猜一猜

1. 妹妹常常对着镜子＿＿＿＿＿＿＿＿＿，以为自己是个大美人。

2. 从来不怎么锻炼的小雨在比赛中竟然夺得了第一名，大家
看得＿＿＿＿＿＿＿＿＿。

3. 这位偶像巨星即将来献唱，粉丝们为了＿＿＿＿＿＿＿＿＿，
都赶到机场去接机。

4. 你看他长得＿＿＿＿＿＿＿＿＿，一定不是什么好人。

5. 我＿＿＿＿＿＿＿＿＿跑到终点，赢得了比赛，荣获冠军。

6. 他这样做，完全是＿＿＿＿＿＿＿＿＿，并非出自本意。

7. 他遇到一点挫（cuò）折就＿＿＿＿＿＿＿＿＿，错失了很多
成功的机会。

成语 万事通

"一马当先" 的故事

　　三国时，黄忠攻打定军山，采纳法正的计谋先攻下西面一
座更高的山，然后驻扎在半山腰，坐等定军山将领夏侯渊来攻。
果不其然，气急败坏的夏侯渊率军急攻半日。黄忠看魏军疲劳，
"一马当先"，率军飞冲下山，斩将虏（lǔ）兵，夺下定军山，为
刘备夺取整个汉中扫除了障碍。

05

第五单元

第 41 篇

婉（wǎn）转？

　　有一支部队在前线作战中**久经考验**。一天，一个做事**莽**（mǎng）**莽撞撞**的士官长接到大后方传来的消息，说他属下一个士兵的祖父去世了。在集合点名的时候，他**心直口快**地对那名士兵说："喂！你的爷爷死了！"士兵听了，一时**呆若木鸡**，接着当场**号啕**（háo táo）**大哭**起来，然后突然晕了过去。

　　有人向上级长官投诉那名士官长**铁石心肠**，简直就是个冷血动物，长官便告诫士官长说："以后部队弟兄家里发生不幸，通知他们要婉转一点。"

　　过了一个星期，士官长又接到通知，士兵阿华的祖母去世了。士官长谨（jǐn）记长官的训示，便把所有士兵集合起来，特别**款语温言**地说："凡是祖母仍然健在的，向前走一步！……阿华！你留在原地不要动！"

成语意思　猜一猜

1.＿＿＿＿＿＿＿：呆得像木头鸡一样。形容因恐惧或惊异而发愣的样子。

2.＿＿＿＿＿＿＿：诚挚温和的言辞。

3.＿＿＿＿＿＿＿：经过长久的考察验证。

4.＿＿＿＿＿＿＿＿＿：行事鲁莽冒失。

5.＿＿＿＿＿＿＿＿＿：性情直率，说话不隐讳（huì）。

6.＿＿＿＿＿＿＿＿＿：心肠硬得像铁和石头一样。形容冷酷无情，
　　　　　　　　　　不为感情所动。

7.＿＿＿＿＿＿＿＿＿：大声哭喊。

 成语运用
猜一猜

1. 阿明是个＿＿＿＿＿＿＿＿＿＿的人，因此常常得罪人。

2. 大伯过世时，家里人都禁不住＿＿＿＿＿＿＿＿＿。

3. 他做事总是＿＿＿＿＿＿＿＿＿的，经常把事情弄得很糟。

4. 爸爸＿＿＿＿＿＿＿＿＿地告诫我们，有能力就要多帮助他人。

5. 他是一位＿＿＿＿＿＿＿＿＿的共产党员，坚决维护党的利益。

6. 小明的爸爸是个消防员，当他听到爸爸在抢险救灾中牺牲
   的消息时，突然＿＿＿＿＿＿＿＿＿。

7. 他竟然把自己刚出生的女儿抛弃了，真是＿＿＿＿＿＿＿＿＿。

 成语 万事通

成语里的"死亡"

　　中国人不喜欢提到"死"字，所以有很多委婉表达"死亡"
的成语。

　　某人逝世，与人世永别，就说"与世长辞"。哀悼的挽辞
也有所不同，用于学界丧者就写"世失英才"；用于朋友丧者
就写"人琴俱亡"或"痛失知音"。

第 42 篇
坚持到底

严重的失眠使小敏实在**忍无可忍**，于是去看医生。医生告诉她：“你躺在床上，不要**胡思乱想**，闭上眼睛，从一默默地数到一千，就可以**高枕无忧**了。”

隔天，小敏愁眉苦脸，带着黑眼圈来见医生。医生问：“怎么了？你没照我说的方法试试吗？”

小敏一副**萎靡**（wěi mǐ）**不振**的样子，她说：“我**切切实实**地试了，可是当我数到五百七十时，实在撑不下去了！只好喝了一杯咖啡提神，最后我终于把一千数完，却又失眠了！”

医生听后立刻晕倒。

成语意思猜一猜

1.＿＿＿＿＿＿：形容精神颓（tuí）废，士气低落。

2.＿＿＿＿＿＿：不切实际地妄想。

3.＿＿＿＿＿＿：实实在在。

4.＿＿＿＿＿＿：垫高了枕头睡觉，无所忧虑。指平安无事，不用担忧。

成语运用
猜一猜

1. 小明这次考试没考好，他＿＿＿＿＿＿＿＿＿地看着考卷，不知回家该怎么跟妈妈解释。

2. 爷爷年轻时，努力打拼，现在过着＿＿＿＿＿＿＿＿＿的日子。

3. 哥哥经常熬（áo）夜打游戏，因此白天上课常常＿＿＿＿＿＿。

4. 他整天只会＿＿＿＿＿＿＿＿，不肯专心读书，所以成绩下降很快。

5. 张师傅＿＿＿＿＿＿＿＿地做好了自己的本职工作，赢得了大家的尊重。

6. 我对你恶劣的态度已经＿＿＿＿＿＿＿＿了！

成语万事通

睡觉不可"高枕"

"高枕无忧"切不可从字面意思来理解。睡觉也不是枕头越高就越好。

枕头太高了，人睡觉时颈椎（jǐng zhuī）被垫高，这会使人的颈椎、胸椎、腰椎不能在同一条直线上，甚至使人的脊椎受到损伤。现在医学提倡"低枕无病"，枕头的最佳高度应该比平躺时略高。

另外，枕芯可以用荞（qiáo）麦皮、小米、绿豆等填充，也可以在里面放点儿菊花，但一定要注意防虫。

第 43 篇
心虚的学生

王老师对学生**恩威并重**。平时上课，他经常**谈笑风生**，一旦发现学生犯错，他也绝不**姑息养奸**，总是严加惩处（chéng chǔ），所以学生对他又敬又怕。

王老师有一个**稀奇古怪**的毛病——只要一生起气来，讲话就会结巴。

有一次期末考试，王老师发现坐在教室最后面的张三在偷看小纸条，顿时，他**火冒三丈**。**怒气冲天**地指着张三叫着："你……你……你……你……你……你……你……你……竟敢作弊（bì）！给我站起来！"

王老师话刚说完，八个学生**不约而同**地站了起来。

王老师顿时**目瞪口呆**。

**成语意思
猜一猜**

1.＿＿＿＿＿＿：谈笑之际兴致高昂，言辞风趣。

2.＿＿＿＿＿＿：对人的态度或宽厚或严厉，交互使用。

3.＿＿＿＿＿＿：指很少见，很奇异，不同一般。

成语运用
猜一猜

1. 这里的石头和别处不同，_____，堪称一绝！

2. 我和弟弟_____地买了生日蛋糕送给妈妈。

3. 爸爸对我们的管教_____，我们对他又爱又怕。

4. 小东上课时与同桌不停地讲话，老师_____地训示了他。

5. 哥哥在宴会上_____，吸引了大家的目光。

6. 杂技演员表演的特技让在场的观众_____。

7. 他竟然偷同学的东西，爸爸知道后气得_____。

8. 对坏人坏事，我们要除恶务尽，绝不能_____，留下隐患。

成语 万事通

成语中的"弊"

　　"弊"是一种欺诈作假的不良行为。"作弊"指用欺骗的方式做违法乱纪或不合规定的事情。

　　建筑商偷工减料，就会使工程"**百弊丛生**"，各种弊病就会接连发生。为了牟取私利而违法造假，就成了"**徇（xún）私舞弊**""**营私舞弊**"的人。一种制度或政策实施的时间久了，难免发生弊病，这种现象就叫"**积久弊生**"。

　　当前社会弊病连连，所幸有正义人士能"**切中时弊**"，明确弊病，再"**医时救弊**""**兴利除弊**"拔除乱象积弊。最后整个社会就会"**弊绝风清**"，风气获得改善，贪污舞弊也就不会发生了。

第44篇

购物证明

一位**白发朱颜**的老太太走进商店去买狗粮。店员说："请证明您有养狗，才能卖狗粮给您！"老太太虽然心里很纳闷，但还是**闷声不响**地回家牵狗。

几天后，老太太又一次走进商店买猫粮。店员又请她把猫儿带来，证明她买猫粮是用来喂猫的。老太太生气地想：这世上真是**无奇不有**，我买猫粮不喂猫，难道喂人吗？

三天后，老太太带了一个小盒子走进商店，她请店员闻一闻。店员**狐疑不决**地把鼻子靠近盒子，说："这东西**臭不可闻**，就像大便一样！"老太太**斩钉截铁**地说："这就是我的大便证明！现在请卖给我一包卫生纸！"

店员立刻低下头呕吐不止。

成语意思猜一猜

1. _____：形容心里疑惑而难下决定。

2. _____：各种稀奇古怪的事物或现象都有。

3. _____：形容说话做事坚决果断，毫不犹豫。

4. _____：头发斑白，脸色通红。形容老人容光焕发。

5.＿＿＿＿＿＿＿：不言不语，一声不响。

猜一猜

1. 这本科幻小说涉（shè）及的事物真是＿＿＿＿＿＿＿＿，
作者惊人的创造力的（dí）确不同凡响。

2. 他这个人做事＿＿＿＿＿＿＿＿，常常丧失最好的时机。

3. 从早上到现在，他一直＿＿＿＿＿＿＿，看来是真的生气了。

4. 化工厂的污水全部排放到这条水沟中，使得这条水沟＿＿＿
＿＿＿＿＿＿。

5. 朱老师今年81岁高龄了，他身材魁梧，＿＿＿＿＿＿＿＿，
精神很好。

6. 他＿＿＿＿＿＿＿地说："我不会跟着你们做坏事的！"

成语 万事通

借用"狐疑"渡黄河

　　黄河的孟津、河津两处渡口河面较窄，冬天河水结成冰，车马可以从冰上通过。

　　但初冬刚结冰时，由于不知冰层的厚薄，人们不敢轻易通过。于是，古人想出让狐狸先行通过的办法。狐狸生性多疑，会边走边听冰下的水声。如果狐狸犹豫不决，则须提防能否通过，如果狐狸能过，则人就可以放心通行了。

第 45 篇

异 类

冰箱里的鸡蛋们，都**自以为是**地认为自己是冰箱里的帅哥美女，没事就爱说些**闲言闲语**。

鸡蛋甲："你看角落那边，怎么会有一颗绿绿的丑丑的蛋？他和我们站在一起，真是**天壤之别**，让我们丢尽了面子！"

鸡蛋乙："对啊！跟洁白的我们站在一起，真是**稀奇古怪**！"

鸡蛋丙**随声附和**（hè）："对啊！对啊！"

那颗绿绿的蛋转过头来，**直眉瞪眼**地说："有谁规定奇异果不能放在蛋匣（xiá）里？"

三个鸡蛋立刻缩回了脑袋，变成了缩头乌龟。

成语意思 猜一猜

1. _____：自己没有主见，只会迎合他人的意见。

2. _____：指不满意的话或没有根据的话。

3. _____：形容发脾气或发呆的样子。

4. _____：总以为自己是对的，不接受别人的意见。

5. _____：天和地，一极在上，一极在下，比喻差别极大。

成语运用
猜一猜

1. 爸爸＿＿＿＿＿＿＿＿的样子，看起来真的好吓人。

2. 妹妹没有自己的想法，常常只会＿＿＿＿＿＿＿＿别人的意见。

3. 这间古董店摆放的古董都是＿＿＿＿＿＿＿＿的珍宝。

4. 妈妈要我们不用管别人的＿＿＿＿＿＿＿＿，心情才会愉快。

5. 双胞胎中的哥哥非常乐观，而弟弟却非常悲观，性格真是

＿＿＿＿＿＿＿＿。

6. 他总＿＿＿＿＿＿＿＿，认为自己的水平很高。

成语万事通

"天壤之别"的"汉初三杰"

萧何、张良、韩信是西汉的开国功臣，史称"汉初三杰"。刘邦曾说："运筹帷幄（wéi wò）之中，决胜千里之外，吾不如张良；镇守国家，安抚百姓，不断供给（jǐ）军粮，吾不如萧何；率百万之众，战必胜，攻必取，吾不如韩信。三位皆人杰，吾能用之，此吾所以取天下者也。"

但伴君如伴虎，最终"汉初三杰"的人生结局也有着"天壤之别"。不懂政治的韩信因谋反罪名被杀；深谙（ān）政治的萧何明哲保身，直至病死；淡泊名利的张良功成身退，告老还乡。

第 46 篇

飞来横（hèng）祸

　　小强脸上肿了一个大包，他愁眉苦脸地来到学校，跟小洋说："昨天我和爸爸一起去爬山，没想到**飞来横祸**，一只虎头蜂停在我的脸上。"

　　小洋**刨**（páo）**根问底**："后来呢？"

　　小强说："就在这**千钧一发**之际，我爸爸**眼疾手快**，把它打死了！"

　　小洋说："既然事情已经**迎刃而解**，你的脸怎么还肿得这么大呢？"

　　小强叹口气说："我爸爸说**事不宜迟**，要痛打落水狗，于是用拐杖对着粘（zhān）在我脸上的死蜂连击了数（shù）下。"

成语意思 猜一猜

1.＿＿＿＿＿＿＿：突然降临的意外灾祸。

2.＿＿＿＿＿＿＿：事情急迫需要紧急处理，不应拖延。

3.＿＿＿＿＿＿＿：比喻主要的问题解决了，其他有关的问题就可以很容易地得到解决。

4.＿＿＿＿＿＿＿：原意是一根头发挂着三万斤重的东西，比喻事态极其危急。

5.＿＿＿＿＿＿＿＿＿：比喻追究底细。

 成语运用
猜一猜

1. 哥哥在河边钓鱼，被暴雨困住了，爸爸说＿＿＿＿＿＿＿＿＿，
   我们赶快去找他。

2. 奶奶出门很怕＿＿＿＿＿＿＿＿＿，嘴里总念着"阿弥陀佛"。

3. 他很聪明，不论遇到任何难题，都可以＿＿＿＿＿＿＿＿＿。

4. 幸好走在他旁边的郭营长＿＿＿＿＿＿＿＿＿，一把将马从悬
   崖边拉了回来。

5. 就在这＿＿＿＿＿＿＿＿＿的关头，妈妈跑了过来，伸出手把
   我从河水中拉了出来。

6. 他缠着老师＿＿＿＿＿＿＿＿＿，一定要把没听懂的课搞明白。

 成语万事通

成语中的"钧"

　　"钧"是古代的重量单位，合 15 千克。
　　"千钧"即是 15 000 千克。能"**力敌千钧**"的人力气肯定
非常大。担"**千钧重负**"的人承担了非常重大的责任。"千钧"
拴在"**一发**"上，那是相当危急的情况。
　　"万钧"的"雷霆"冲击力得有多大！因此"**雷霆万钧**"
形容威力极大，无法阻挡。

第 47 篇

好友的建议

大宝看见爸爸的头发越来越少，就那几根毛立在头上实在可怜，便**忧心忡**（chōng）**忡**地对小华说："我好怕以后也会跟爸爸一样变成秃头，但现在也难以**未雨绸缪**（chóu móu）呀。"好朋友小华说："不会啦! **无论如何**还是会有头发的! "

大宝听后，还是感觉**惴惴不安**，十分害怕自己像爸爸一样。他忧虑地说："如果我只剩下三根头发，怎么办? "小华无所谓地说："可以编一个**与众不同**的辫子啊! "大宝又问："只剩两根呢? "小华**满不在乎**地说："可以中分啊! "

大宝**追根究底**："只剩一根呢? "小华安慰他说："你还可以……测风向! "大宝**如释重负**，开心地笑了!

成语意思猜一猜

1.＿＿＿＿＿＿：表示不管条件怎样变，其结果始终不变。

2.＿＿＿＿＿＿：丝毫不在意。形容对事情一点也不重视。

3.＿＿＿＿＿＿：形容忧愁不安的样子。

4.＿＿＿＿＿＿：独树一帜（zhì），和别人不同。

5.＿＿＿＿＿＿：趁着天没下雨，先修缮（shàn）房屋门窗。比喻事先预备，防患（huàn）未然。

6.＿＿＿＿＿＿＿＿：追究根源。指追问一件事的缘由。

成语运用
猜一猜

1.台风来袭之前，我们应该＿＿＿＿＿＿＿＿，做好防风准备。

2.姑妈就要出国了，＿＿＿＿＿＿＿我都要去送行。

3.表演就要开始了，作为主演的他终于赶了过来，让大家都＿＿＿＿＿＿＿。

4.她的穿着（zhuó）＿＿＿＿＿＿＿，这让她成了舞会上最耀眼的人。

5.听了老师的批评，小刚＿＿＿＿＿＿地说："这有什么呀！"

6.每当我想到自己欺骗老师的事，就感到＿＿＿＿＿＿＿。

7.他整天不务正业，不求上进，常使父母亲＿＿＿＿＿＿＿。

8.学习上＿＿＿＿＿＿＿的精神，是非常可贵的。

成语 万事通

抒发心情的叠字成语

　　叠字有加强语气，抒发强烈感情的作用。成语中常用叠字来抒发各种情绪。

　　非常得意，神气十足就是"**扬扬得意**"；不高兴就说"**怏（yàng）怏不乐**"。

　　心事重重，非常忧虑就是"**忧心忡忡**"；内心因为恐惧而不安就是"**惴惴不安**""**惶惶不安**"；心中不服，感到气愤就是"**愤愤不平**"。

第 48 篇

自己吓自己

爸爸希望小轩的数学成绩能好一点，但总是**事与愿违**。小轩的数学成绩非常差，又**不求上进**，爸爸多方打听，决定把他转到一所学校，虽不期望他的数学成绩能够**突飞猛进**，但希望规律的住宿生活，能让小轩打起精神来学习。

没想到才短短一个月，小轩的成绩**出人意料**地变好了。爸爸觉得很惊奇，问小轩是怎么做到的。

小轩说："我到学校的第一天，就看到教堂内有人被钉在加号上，我以为数学没学好的人就要被钉在上面。所以**竭尽全力**做数学题，**不知不觉**成绩就变好了！"

爸爸听后**捧腹大笑**。

成语意思
猜一猜

1. _____：用手捂住肚子大笑。形容遇到极可笑之事，笑得不能抑制。

2. _____：用尽全部的力量。

3. _____：不奋发向上求进步，而任由堕（duò）落。

4. _____：事情的发展与主观愿望相反。

5._____：形容发展进步飞快，变化巨大。

成语运用
猜一猜

1. 时间飞逝，_____我已经度过了四年的小学时光。

2. 他是个好吃懒做、_____的年轻人。

3. 他一向热心负责，做任何事都会_____，绝不打
   马虎眼。

4. 本想做了手术以后，他的身体就会好起来，但_____
   _____，他的身体还是一天天地衰弱了下去。

5. 听完我讲的笑话，他_____。

6. 近年来，我国航天事业的发展_____。

7. 勤奋好学的哥哥_____地弃学经商，家人都感到
   十分惊讶。

**成语万事通**

成语中的"开怀大笑"

　　人逢喜事难免开怀畅笑。遇到开心的事，眉眼舒展开来，
不由自主"**眉开眼笑**"。笑时难免会有不少肢体动作：边笑边拍
手的"**抚（fǔ）掌大笑**"，太可笑了以致忘记仪态的"**捧腹大笑**"，
坦坦荡荡的"**仰天大笑**"。有时还会笑得整个身体都"**前俯后仰**"。

　　大家一起大笑是"**哄堂大笑**"，现场"**欢声雷动**"。

第 49 篇

在学校应酬（chóu）

早上，晶晶出门上学前问爸爸："您最近怎么常常**早出晚归**？昨晚又是这么晚才回来，您去哪儿了？"

爸爸说："爸爸为了**养家糊口**，必须跟客户迎来送往——应酬呀！"

晶晶问："什么是应酬？"

因为爸爸常常不在家陪妈妈，妈妈心里**窝火憋气**，于是在一旁**冷言冷语**地说："应酬就是去做自己不喜欢做的，但又非做不可的事！"

晶晶听了，**若有所思**地说："哦！妈妈，那我岂不就是天天在学校应酬呀！"

成语意思猜一猜

1. ＿＿＿＿＿＿＿：含有讥讽意味的冷冰冰的话。

2. ＿＿＿＿＿＿＿：维持整个家庭的生计，养活家人。

3. ＿＿＿＿＿＿＿：早上很早出门，晚上很晚才回来，表示一整天都在外面。

4. ＿＿＿＿＿＿＿：发愣不语，好像在想着什么似的。

5. _____：把屈辱或恼怒强压在心底，不敢或不能发泄。

6. _____：走的欢送，来的欢迎。形容忙于交际应酬。

成语运用
猜一猜

1. 爸爸每天_____，忙着自己的事业。

2. 他总爱趴在窗前，凝望天空，一副_____的样子。

3. 李丽无故被老板责备，她感觉_____，愤然辞职。

4. 大家_____地责备小胖，害得他伤心痛哭。

5. 自从爸爸当上销售主任后，他_____的活动也多了起来。

6. 为了_____，妈妈白天上班，晚上还要到夜市去卖衣服。

成语万事通

成语中的"讽刺"

中国人讲究礼，古人一般不会对别人"冷言冷语""反唇相讥"或者"冷嘲热讽"，进行直接讽刺、挖苦。他们要么"借古讽今"，借评论古代的人和事来影射讽刺现实，要么借物来讽刺人。

"沐猴而冠"，讽刺投靠恶势力窃据权位的人。

"败军之将"，多用于讽刺失败的人。

"郑人买履（lǚ）"，讽刺只信教条，不顾实际的人。

"乞儿乘车"，讽刺官职提升得快。"一人得道，鸡犬升天"，比喻一人得势，与其有关者亦皆随之发迹。

第 50 篇

三个愿望

一个议员、一个商人、一个流浪汉同时流落在一座**鸡犬不闻**的小岛上，这座岛上**杳（yǎo）无人烟**，只有他们三个人。

有一天，商人挖到一盏神灯，当他触摸壶身时，突然冒出一个**青面獠（liáo）牙**的妖怪，三个人都以为自己死定了。

没想到妖怪说："谢谢你们救了我，我愿意帮助你们完成三个愿望。"议员**转悲为喜**，说："我要回去和我的爱妻团聚。"商人说："我要回去管理庞大的产业。"两人马上就消失得**无影无踪**了。

流浪汉摇着头说："我没有爱妻，也没有产业，到哪儿去都是**形单影只**，不如叫他们回来陪我吧！"

成语意思 猜一猜

1. _____：形容孤单，没有伴侣。

2. _____：转悲伤为喜悦。

3. _____：荒凉无人居住。形容荒凉、偏僻（pì）。

4. _____：鸡鸣狗吠（fèi）的声音都听不到。形容极为荒凉冷僻。

5. _____：旧时神怪故事中形容凶神恶鬼的面貌。形容面貌极其凶恶狰狞（zhēng níng）。

成语运用
猜一猜

1. 兔子的动作敏捷，一下子就消失得_____了。

2. 这儿地处旷野，_____，十分荒凉。

3. 因车祸受伤昏迷的哥哥终于清醒了，妈妈不禁_____，_____，感谢上苍保佑。

4. 原来繁华的大街，现在_____，连个人影都没有。

5. 昨晚他做了个可怕的梦，梦到许多_____的小鬼向他扑来，吓得他出了一身冷汗。

6. 小英从小就_____，因此养成了孤僻的性格。

 成语 万事通

"鸡犬不闻"与"鸡犬相闻"

"鸡犬不闻"出自明代施耐庵（ān）《水浒传》第一百零九回："凡冲要通衢（qú）大路，都没一个人烟，静悄悄地，**鸡犬不闻**，就要一滴水，也没喝处，那讨酒食来？"它专指荒凉冷僻的地方。

它的反义词是"**鸡犬相闻**"，鸡鸣狗吠的声音都能听到，指人烟稠（chóu）密，常用来描述和谐美好的乡村生活景象。老子用"鸡犬之声相闻，老死不相往来"来描述他心中祥和、宁静、自给（jǐ）自足的小国寡民生活。陶渊明用"阡陌（qiān mò）交通，**鸡犬相闻**"呈现他向往的世外桃源。

06

第六单元

第 51 篇

最后的遗愿

一位**老态龙钟**的老人**行将入土**，医生认为已经不需要再隐瞒病情了，便来到老人的病榻（tà）旁边，**直言不讳**地说："我相信您一定想知道事实，其实您已经**病入膏肓**（gāo huāng）了。**生死有命**，您不要太难过，您还有什么愿望？我会想办法帮您的忙。"

气若游丝的老人抱着一线希望，点了点头说："谢谢！"然后用**微乎其微**的声音说："您一直在研究我的病，是一位很有责任心的大夫，我相信您会把我的病治好的，我想要您陪着我一起去天堂，继续为我治病。"

成语意思
猜一猜

1.＿＿＿＿＿＿：形容非常少或极细微。

2.＿＿＿＿＿＿：生命即将结束，快要死亡。

3.＿＿＿＿＿＿：凡事皆已命中注定，人力是无法挽回的。

4.＿＿＿＿＿＿：指病已危重到了无法救治的地步，也比喻事情到了无可挽回的地步。

5.＿＿＿＿＿＿：形容年老体衰，行动不灵便。

6. _____：气息微弱，如同飘荡在空中的蛛丝。形容人身体极度虚弱。

成语运用
猜一猜

1. 爷爷总是说_____，一个人要活在当下。

2. 就算胜利的机会_____，我也要试试。

3. _____的奶奶躺在病床上，正在用_____的声音做最后的交代。

4. 他_____地告诉我，他一点也不喜欢我。

5. 李爷爷虽然外表_____，但内心却像明镜一样。

6. 他已经_____了，花再多的钱医治也无力回天。

成语 万事通

"病入膏肓"的故事

　　古人说心下面有一小块脂肪叫作"膏"，心脏与横膈膜之间的部位叫作"肓"，"膏肓"之间是药力不到之处。

　　春秋时期，晋景公病重，派人去请秦国一位名医。医生还没来，晋景公却梦见两个人交谈。一个说："名医来了，这回怎么逃呢？"另一个说："不怕。我们躲到肓的上面，膏的下面，他奈何我们不得。"第二天，名医诊断后，对晋景公说："病根在肓之上，膏之下，我无能为力。"晋景公听了，直夸他："你的医术真高明啊！"

第 52 篇
再见，伯伯！

李爷爷有一个三岁大的孙子，他发现孙子时常在窗口一边挥手，一边讲："再见，伯伯！"

最初李爷爷**不以为意**，以为孙子是在跟街上路过的伯伯打招呼，**满心欢喜**地认为孙子是一个**彬彬有礼**的孩子。但是孙子每次都是在**日落西山**时才对着窗外说，又看不到窗外有人经过，李爷爷越想越**毛骨悚**（sǒng）**然**。

他问孙子到底在跟谁说再见，孙子**天真无邪**地说："跟伯伯啦！"他**惊慌失措**地问："外面没人呀！你在跟哪个伯伯打招呼呢？"孙子**昂然自若**地说："当然是太阳伯伯啊！"

成语意思猜一猜

1.＿＿＿＿＿＿：形容不注意，不在乎。

2.＿＿＿＿＿＿：形容气宇轩昂满不在乎的样子。

3.＿＿＿＿＿＿：形容性情率直、真诚，毫无邪念。

4.＿＿＿＿＿＿：毛发竖起，脊梁发冷。形容害怕、战栗（lì）。

5.＿＿＿＿＿＿：太阳快要落山。

成语运用
猜一猜

1. 他对别人的批评＿＿＿＿＿＿＿＿＿＿＿，所以老毛病还是不少。

2. 走进鬼屋，我感到＿＿＿＿＿＿＿＿＿＿。

3. 她那副＿＿＿＿＿＿＿＿＿的模样，真是讨人喜欢啊！

4. 姐姐＿＿＿＿＿＿＿＿＿地走过来，说有人一直在跟踪她。

5. 已经＿＿＿＿＿＿＿＿＿，我们该回家了。

6. 大家都急得不得了，他却一副＿＿＿＿＿＿＿＿＿的样子。

7. 我们待人接物要做到＿＿＿＿＿＿＿＿＿。

成语万事通

成语中的"鬼"（二）

中国人怕鬼，外国人也怕鬼。中国人有中元节，西洋人有万圣节。这两个节日，都是"鬼节"。

"疑神疑鬼""疑心生暗鬼"指的是生性多疑的人，遇到可疑的事，胡乱猜测而信以为真。

"装神弄鬼"则是指假扮鬼神骗人。满嘴胡言乱语的人，就说他"鬼话连篇"。

"鬼头鬼脑"说的是机灵狡猾的人。"鬼斧神工"说的是技艺精巧的人。

"鬼"被应用在中国成语里，人却看不见任何鬼影子呢！

第 53 篇

不满意的婚约

蜘蛛和蜜蜂凭着"父母之命、**媒妁**（méi shuò）**之言**"订婚了。

蜘蛛**大失所望**，对结婚的对象十分不满意，就问妈妈："这媒婆真是**欺人太甚**，为什么要让我娶嗡嗡叫的蜜蜂？"蜘蛛妈妈说："蜜蜂是吵了一点，但人家好歹也是'空中小姐'呀！"

对于他们的婚事，蜜蜂也整日里**怏怏不乐**的，就**大吵大闹**地问妈妈："为什么要让我嫁给丑陋的蜘蛛呢？"蜜蜂妈妈说："你就不要**妄自尊大**了！蜘蛛是丑了一点，但人家好歹也是'网络新贵'呀！"

成语意思 猜一猜

1. _____：欺凌他人，到了使人无法容忍的地步。

2. _____：指媒人的介绍。

3. _____：心中郁闷，很不快活。形容不满意或不高兴的神情。

4. _____：过高地看待自己。形容狂妄自大，不把别人放在眼里。

5. _____ : 大声地吵闹。

 **成语运用**
猜一猜

1. 这点芝麻小事，不值得我们_____。

2. 他不但恶人先告状，还污蔑（wū miè）我，真是_____

_____。

3. 姐姐通过_____与邻村的阿三哥相识并结婚。

4. 井底的青蛙_____，只看到井口大小的一块天

空，就自我吹嘘（xū）知道天下的事情。

5. 我努力了很久，看到这样失败的结果，真的让我_____。

6. 他这几日_____的，好像还在为女儿没考上重点

大学而烦恼。

 **成语** 万事通

媒妁之言

媒指男方的媒人，妁是女方的媒人，媒妁是介绍男女之间

结成婚姻关系的人。

媒人在我国出现的时间很早，在两千多年前的春秋时期就

已经出现。不过，通过媒人介绍来选择婚姻对象的现象不仅仅

限于我国，在世界上的许多其他民族中也普遍存在。

第 54 篇

铜　像

有一天，亮亮和爸爸去参观空军营区，亮亮看到广场上有一座铜像，他**目不转睛**地盯着铜像，问爸爸："他是谁？"

爸爸**感慨**（kǎi）**万千**地说："这位军官曾经为国家**鞠躬尽瘁**（cuì），后来因为飞机失事而牺牲，于是立下这个铜像纪念他。你看！石碑上还刻有他的**丰功伟绩**呢！"

看着**唾沫**（tuò mò）**横飞**的爸爸，亮亮一脸疑惑地问："爸爸，为什么开飞机的人掉下来就变成了铜像？"

爸爸**无言以对**了。

成语意思 猜一猜

1. ＿＿＿＿＿＿：唾液四处飞散。形容人纵情谈论。

2. ＿＿＿＿＿＿：因内心感触良多而发出深远的慨叹。

3. ＿＿＿＿＿＿：伟大的功勋（xūn）、业绩。

4. ＿＿＿＿＿＿：指小心谨慎，贡献出全部精力。

5. ＿＿＿＿＿＿：眼珠子一动不动地盯着看。形容注意力集中。

成语运用
猜一猜

1. 他为国家＿＿＿＿＿＿＿＿＿＿，献出了自己宝贵的生命。

2. 先人的＿＿＿＿＿＿＿＿＿＿，留给后人无尽的怀念。

3. 爷爷每次提及过去不幸的遭遇，都不免＿＿＿＿＿＿＿＿＿＿。

4. 钓鱼时，小明＿＿＿＿＿＿＿＿＿＿地盯着鱼漂（piāo），盼着
鱼儿早点上钩。

5. 他每次演讲总是＿＿＿＿＿＿＿＿＿＿，十分兴奋。

6. 面对妈妈的责问，自知理亏的我＿＿＿＿＿＿＿＿＿＿。

成语万事通

诸葛亮"鞠躬尽瘁"

　　在中国传统文化中，诸葛亮是忠臣与智者的代表人物。刘备死后，诸葛亮为了实现刘备振兴汉室、一统天下的遗愿，率军南征北战，尽心竭力辅佐后主刘禅。他先后向刘禅上了两道表文，即著名的《前出师表》《后出师表》。在《前出师表》中诸葛亮表示，自己受刘备三顾之恩，托孤之重，一定要为兴复汉室竭忠尽智，至死不渝。《后出师表》是在街亭失利后，诸葛亮上疏的一份表文。流传千古的名句**"鞠躬尽瘁，死而后已"**即出自此表。

第 55 篇

万无一失

　　某国的农业部官员问一个农夫用什么喂猪，农夫回答："**残羹**（gēng）**剩饭**啊！"结果官员**二话不说**，开了一张"虐待动物"的罚单。从此，备感委屈的农夫就开始给猪吃**珍馐**（xiū）**美味**。

　　另一个农业部的人来了，看到猪槽（cáo）里的珍馐美味，大骂农夫："很多地方都在闹饥荒，你居然给猪吃这么好！"农夫又被开了一张"**暴殄**（tiǎn）**天物**"的罚单。农夫真是叫天天不应叫地地不灵，有冤无处诉啊！

　　这一次，农夫想了一个**万无一失**的办法！农业部的人又来了，农夫远远地看到他们，**快步流星**地跑到他们面前汇报："我每天给猪五百美元，让它们自己去吃！"

成语意思 猜一猜

1.＿＿＿＿＿＿＿：任意糟蹋（zāo tà）东西，不知珍惜。

2.＿＿＿＿＿＿＿：吃剩的羹汤饭菜。

3.＿＿＿＿＿＿＿：珍奇贵重的食物。

4.＿＿＿＿＿＿＿：不说任何别的话。指立即行动。

5.＿＿＿＿＿＿＿＿：形容步子跨得大，走得快。

成语运用
猜一猜

1. 妈妈想了一个＿＿＿＿＿＿＿＿的办法，终于抓到老鼠了。

2. 现在饮食讲究自然健康，不再刻意追求吃＿＿＿＿＿＿＿＿。

3. 我为了保护环境，把家中的＿＿＿＿＿＿＿＿都倒在专门的

桶里，以方便资源回收。

4. 把珍贵的鲑（guī）鱼拿给猫咪吃，简直是＿＿＿＿＿＿＿＿。

5. 听到外婆生病的消息，小明＿＿＿＿＿＿＿＿地向外婆家走去。

6. 船夫来到岸边，＿＿＿＿＿＿＿＿，驾起船，直奔（bèn）河心。

成语 万事通

成语中的饮食文化

许多成语都保留了古人的饮食观念和生活习俗。

即使没有出生在"钟鸣鼎食"的富裕之家，人们依然盼望"丰衣足食""家给人足"的衣食无忧的幸福生活，渴望"含饴弄孙"的天伦之乐；但对"风餐露宿""箪（dān）食瓢饮"，衣食不足的艰苦生活，高洁之士同样能够处之泰然；品德高尚的人，"不为五斗米折腰"，不接受"嗟（jiē）来之食"；而心中有远大志向者，更会"废寝忘食""发愤忘食"。

第 56 篇

那不是我的狗

老林**艰苦奋斗**了大半辈子，终于等到**衣锦还乡**的那一天。

当他经过一座小桥时，看到一个**土生土长**的乡下人身边有一只看起来很凶的狗，就问："请问你的狗会不会咬人？"那个乡下人说："我敢发誓（shì），我的狗虽然看起来很凶，但是绝对不会咬人！"老林**信以为真**。

可是，当老林一过去，狗就狠狠地咬了他一口。老林不禁**怒火中烧**，大叫："你刚才不是**信誓旦旦**地说，你的狗绝对不会咬人吗？"

乡下人无辜地看着老林，说："我没说这一只是我的狗呀！"

成语意思猜一猜

1. _____：指把假的当作真的。

2. _____：心中升起熊熊怒火。形容非常愤怒。

3. _____：为达到一定的目的，不畏艰难困苦，而奋勇抵抗压力，克服障碍（zhàng ài）。

4. _____：形容人功成名就后，荣归故乡。

5. _____：本地出生，本地长大。

成语运用
猜一猜

1. 服务人员不仅态度恶劣,还辱(rǔ)骂客人,让所有顾客都_____。

2. _____和勤俭节约是中华民族的传统美德。

3. 推销员_____地告诉妈妈,这是一个神奇的拖把。

4. 哥哥出国工作多年,今天是他_____的日子。

5. 他是当地_____的干部,对这里的情况了(liǎo)如指掌。

6. 灰太狼捉不到羊,就买了一块做得很像小肥羊的豆腐拿回去哄红太狼,红太狼_____,连连称赞:"太美味了!"

成语万事通

"衣锦还乡"的项羽

　　盖世英雄项羽一生胸怀大志,却终未成就帝业,有一个非常重要的原因便是他乡土观念太重。

　　项羽进入秦都咸阳后,有人劝他定都关中称霸,但项羽思乡心切,决定回东方。他说:"人得到富贵了,如果不回家乡,就如同穿着锦绣衣服在黑夜中行走,谁能看得见呢?"此话反映了项羽**衣锦还乡**、荣祖耀宗的狭隘观念。项羽因此失去了称霸关中、一统全国的最佳机会。

第 57 篇

请假单

小珍是一个**不学无术**的九年级学生，她总是**煞**（shà）**费苦心**地找理由**敷衍搪塞**（fū yǎn táng sè），就为了请假不去上课。

有一天，她又**绞尽脑汁**编造请假理由，她在请假单上写上"出殡（bìn）"两个字。老师看了后说："你都九年级了，做事还这么**粗心大意**，连请假单都填不清楚，回去把它写得**一清二楚**，我才准你的假。"

第二天，小珍把自己想了一夜的请假单交上去，得意地说："老师，这样子您总该准假了吧！"老师看了差点晕倒，只见请假单上写着两个大字："陪葬（zàng）"。

成语意思猜一猜

1. ＿＿＿＿＿＿：十分清楚、明白。

2. ＿＿＿＿＿＿：指做事不认真负责，表面应付了事。

3. ＿＿＿＿＿＿：指没有学问，没有本领。

4. ＿＿＿＿＿＿：做事草率，不细心。

5. ＿＿＿＿＿＿：形容费尽心思。

成语运用
猜一猜

1. 目击证人将案发经过说得＿＿＿＿＿＿＿＿，歹徒已无法抵赖。

2. 他＿＿＿＿＿＿＿＿编造的谎言被人当场揭穿了。

3. 妈妈要我做事别再＿＿＿＿＿＿＿＿，要细心一点。

4. 老师让工工整整地抄写词语，他却潦（liáo）草地写完，＿＿＿＿＿＿＿＿＿＿的结果就是被罚重写。

5. 碰到这个难题，他＿＿＿＿＿＿＿＿也没想出解决的办法。

6. 我们要好好学习，不要做＿＿＿＿＿＿＿＿的孩子。

成语 万事通

古代的好学之士

历史上有很多好学、勤奋之人，令人赞叹。

战国时的苏秦经常读书到深夜，疲倦到想要打盹时就用锥子往大腿上刺一下；东汉时好学的孙敬则用一根绳子，绑着自己的头发挂在房梁上。"悬梁"的孙敬和"刺股"的苏秦都成了赫（hè）赫有名的政治家。这便是成语"**悬梁刺股**"的由来。

西汉"**凿壁借光**"的匡衡，幼时家贫，无钱买烛，只好凿穿墙壁引邻居之烛光读书，终成一代文学家。

晋代车胤（yìn）小时家贫，夏天以囊装萤火虫照明读书；晋代的孙康冬天常利用雪的反光读书。二人后来都官运亨通。这就是"**囊萤映雪**"的故事。

第 58 篇

什么都没说

有四个人请求**正气凛（lǐn）然**的老和尚，收他们做徒弟。老和尚说："所谓'**言多必失**'，你们必须通过'**不动声色**'的考验，从山洞的入口走到出口，一个字都没说就算通过。"

四个人手持蜡烛从山洞入口开始走，快到出口时，吹来了一阵风，把烛火吹灭了。

第一位吓了一跳，**心直口快**地说："呀！火灭了！"

第二位听后，连忙好心地提醒他："师父不是叫我们不能说话吗？"

第三位**不假思索**，赶紧纠正说："叫你别说，你又说！"

一直**默默无言**的第四位，**喟（kuì）然长叹**道："还好！我什么都没说。"

成语意思 猜一猜

1._____：沉默着，不说话，不出声。

2._____：因感慨而深深地叹气。

3._____：形容正气威严不可侵犯。

4._____：话说多了，必定有出错的时候。

5.＿＿＿＿＿＿＿＿：不说话，也不表露感情的变化。形容沉着、
　　　　　　　镇静。

 **成语运用**
猜一猜

1. 我妈妈就是一个＿＿＿＿＿＿＿＿的人，其实她没有恶意。

2. 在＿＿＿＿＿＿＿＿的大师面前，桀骜（jié ào）不驯的大
　　哥也不敢放肆（sì）。

3. 他遇到毒蛇不慌张，＿＿＿＿＿＿＿＿地绕到后面抓住它。

4. 爸爸常说＿＿＿＿＿＿＿＿，话出口之前，最好先考虑清楚。

5. 苏轼来到赤壁，望着大江东去，＿＿＿＿＿＿＿＿道："人生
　　如梦，世事无常啊！"

6. 看到有人落水，小明＿＿＿＿＿＿＿＿地跳下水去救人。

7. 听着不孝之子对饭菜的挑剔（tiāo ti），妈妈＿＿＿＿＿＿＿＿。

 **成语万事通**

成语中的"声色"

　　"不动声色"中的"声"指说话的声音，"色"是脸色。"不
露声色"是它的近义词。说话时声音和脸色都很严厉，即"声
色俱厉"，是它的反义词。

　　"声色"还指歌舞和女色。"声色犬马"泛指纵情淫（yín）
乐的生活方式。

第 59 篇

有样学样

有位先生见到**鹅毛大雪**宛如美丽的银蝶在空中**翩翩起舞**，一时诗兴大发，便**旁若无人**地高声吟起诗来："天公下雪不下雨，雪到地上变成雨。雪变雨来多麻烦，何不当初就下雨。"

旁边有一个小孩看着他**志得意满**的样子，也学着吟诗："先生吃饭不吃屎，饭到肚里变成屎。饭变屎来多麻烦，何不当初就吃屎。"

先生听了，觉得**羞面见人**，赶紧**举步如飞**离开现场。

成语意思 猜一猜

1._____：因羞愧而没脸见人。

2._____：说话举动毫无顾忌，好像四周无人。形容仪态自然或高傲。

3._____：形容走路速度很快。

4._____：像鹅毛一样的雪花。形容雪下得大而猛。

5._____：形容一副又得意又满足的样子。

6._____：形容轻快地跳起舞来。

 成语运用
猜一猜

1. 在公共场合，她突然＿＿＿＿＿＿＿地唱起歌来。

2. 武侠小说里总会出现＿＿＿＿＿＿、武功盖世的侠客豪杰。

3. 这几天哥哥总是一副＿＿＿＿＿＿＿的样子，一定是业务上有了重大突破。

4. 他出狱之后＿＿＿＿＿＿＿，整天把自己关在房子里。

5. 秋天到了，一片片树叶像一只只蝴蝶在空中＿＿＿＿＿＿＿。

6. 天上飘起了＿＿＿＿＿＿＿，雪花像仙女＿＿＿＿＿＿＿。

 成语万事通

成语中的"雪"

冬季，"鹅毛大雪"一下，树上便"白雪皑（ái）皑"，大地"银装素裹"，甚是美丽。

成语中的"雪"除了实指，还有许多比喻义。比喻人聪明非凡，用"冰雪聪明"；高深不通俗的文学艺术是"阳春白雪"；比喻人身处逆境而不屈服，用"傲霜斗雪"；"雪上加霜"比喻接连遭受灾难，损害愈加严重；"雪中送炭"比喻在别人急需时给以物质上或精神上的帮助。

"雪"在成语中还可以做动词，含洗刷的意思。报复冤仇，洗刷耻辱是"报仇雪恨"。

第 60 篇

狡 辩

上课时,正**梦见周公**的嘉嘉被老师发现了。老师叫醒他,说:"所有的同学都在**倾耳细听**,只有你在睡觉!"嘉嘉反驳(bó)说:"我没睡觉啊!"

老师问:"那你为什么闭上眼睛?"嘉嘉认认真真地解释说:"我闭上眼睛是在**潜**(qián)**神默思**呀!"

老师又问:"那你为什么一直点头?"嘉嘉眨着一双无辜(gū)的大眼睛,说:"因为您说得很有道理呀!

老师再也受不了嘉嘉的**强**(qiǎng)**词夺理**,再问:"那你为什么一直流口水?"嘉嘉**理直气壮**地说:"因为我正在体会您那一席话的**个中滋味**!"

成语意思
猜一猜

1.＿＿＿＿＿＿＿:指无理强辩,明明没理硬说有理。

2.＿＿＿＿＿＿＿:孔子对周公仰慕不已,沉浸(jìn)于周代典籍,经常梦到周公。后用来指瞌睡、做梦。

3.＿＿＿＿＿＿＿:其中的感受。

4.＿＿＿＿＿＿＿:侧着耳朵听,表示十分专心的样子。

5._____：聚精会神，专心思考。

成语运用
猜一猜

1. 在富裕环境中长大的孩子，无法理解贫苦的_____。

2. 姐姐正在书房里_____，我不想去打扰她。

3. 张老师说话轻声细语的，她上课时总有人_____。

4. 明明是他做错了事，他还_____地来质问我，这让我十分生气。

5. 优美的音乐从窗外飘进来，_____，原来是《月光曲》。

6. 他_____，你不要跟他一般见识。

成语 万事通

成语中的"说话"

每个人都会说话，差别在于说得好或不好，说得有没有艺术。

"辩口利舌""唇枪舌剑"，这种人都擅于雄辩，他们言辞锋利，你来我往，互不相让，辩才无疑。

"糖舌蜜口""满舌生花""油嘴滑舌"，这类人最擅长说讨人喜欢的话，常常把事情说得天花乱坠，但不切实际。

"轻嘴薄舌""翻唇弄舌"，这种类型的人说话轻率、刻薄，喜欢逞（chěng）口舌之能，搬弄是非。

第1篇	一、	雕梁画栋	富丽堂皇	栉比鳞次	高楼大厦	名扬四海	心慕手追
	二、	高楼大厦	雕梁画栋	富丽堂皇	名扬四海	心慕手追	栉比鳞次
		疑惑不解					
第2篇	一、	衣帛食肉	难以置信	度日如年	抱恨黄泉		
	二、	难以置信	夜以继日	黯然神伤	衣帛食肉	度日如年	抱恨黄泉
		一本正经					
第3篇	一、	病急乱投医	钩爪锯牙	满腹狐疑	辗转反侧	惊慌失色	
	二、	垂头丧气	钩爪锯牙	病急乱投医	辗转反侧	惊慌失色	满腹狐疑
第4篇	一、	死去活来	喋喋不休	不痛不痒	愚昧无知		
	二、	愚昧无知	吞吞吐吐	死去活来	喋喋不休	不痛不痒	心烦意乱
第5篇	一、	茫然不解	忍俊不禁	如释重负	素不相识	马不停蹄	
	二、	忍俊不禁	茫然不解	素不相识	马不停蹄	不厌其烦	如释重负
第6篇	一、	微不足道	心焦如火	翻箱倒柜	久仰大名	驰名中外	
	二、	微不足道	翻箱倒柜	驰名中外	久仰大名	毕恭毕敬	心焦如火
第7篇	一、	义愤填膺	姑息养奸	泛泛之交	知根知底	知难而退	震耳欲聋
	二、	泛泛之交	知难而退	震耳欲聋	姑息养奸	义愤填膺	知根知底
第8篇	一、	巨细无遗	万无一失	扬扬自得	忙中有错	争强好胜	
	二、	万无一失	十万火急	扬扬自得	忙中有错	争强好胜	巨细无遗
第9篇	一、	不言不语	抛砖引玉	惨淡经营	百尺竿头，更进一步	集思广益	
	二、	抛砖引玉	不言不语	惨淡经营	集思广益	百尺竿头，更进一步	
		接二连三					
第10篇	一、	物归原主	风驰电掣	耀武扬威	得意忘形	步履如飞	
	二、	面红耳赤	物归原主	风驰电掣	耀武扬威	步履如飞	得意忘形
第11篇	一、	抑郁寡欢	每况愈下	足智多谋	一干二净	祸及池鱼	
	二、	一干二净	抑郁寡欢	满腹狐疑	足智多谋	每况愈下	祸及池鱼
第12篇	一、	扬扬得意	不可开交	立竿见影	鸡毛蒜皮	逆耳之言	意气用事
	二、	立竿见影	逆耳之言	意气用事	扬扬得意	不可开交	鸡毛蒜皮
第13篇	一、	睡眼惺忪	急人之难	出言不逊	疲于奔命	十拿九稳	

二、急人之难	心烦意乱	睡眼惺忪	彬彬有礼	疲于奔命	十拿九稳
出言不逊					
第14篇 一、改头换面	呆头呆脑	拭目以待	刮目相看	忍无可忍	怦然心动
怒气冲天					
二、拭目以待	呆头呆脑	刮目相看	忍无可忍	改头换面	怒气冲天
兴高采烈	怦然心动				
第15篇 一、焦头烂额	可想而知	颠扑不破	慢条斯理	非同小可	
二、颠扑不破	焦头烂额	非同小可	急中生智	慢条斯理	可想而知
第16篇 一、沧海桑田	沃野千里	罪魁祸首	慢慢腾腾	迥然不同	背井离乡
二、慢慢腾腾	沃野千里	天真烂漫	沧海桑田	迥然不同	气急败坏
罪魁祸首	背井离乡				
第17篇 一、跃跃欲试	寸步不离	说长道短	令人喷饭	兴致盎然	搬弄是非
百无聊赖					
二、令人喷饭	窃窃私语	寸步不离	说长道短	搬弄是非	百无聊赖
兴致盎然	跃跃欲试				
第18篇 一、略胜一筹	发号施令	鹿死谁手	训练有素	唯命是从	拔地倚天
一命呜呼					
二、略胜一筹	训练有素	唯命是从	发号施令	不甘示弱	鹿死谁手
一命呜呼	咆哮如雷	拔天倚地			
第19篇 一、呢喃细语	狼狈不堪	拳打脚踢	东张西望	楚楚动人	比肩接踵
二、东张西望	呢喃细语	狼狈不堪	楚楚动人	比肩接踵	拳打脚踢
第20篇 一、地老天荒	惴惴不安	好言好语	货真价实	魂不附体	
二、魂不附体	地老天荒	惴惴不安	好言好语	震耳欲聋	货真价实
第21篇 一、滚瓜烂熟	相敬如宾	挂一漏万	瞠目结舌	鹣鲽情深	
二、挂一漏万	老当益壮	相敬如宾	鹣鲽情深	滚瓜烂熟	瞠目结舌
无可奈何					
第22篇 一、美轮美奂	琳琅满目	鼾声如雷	眼花缭乱	万籁无声	
二、万籁无声	鼾声如雷	满腔热忱	美轮美奂	琳琅满目	眼花缭乱
第23篇 一、深恶痛绝	下逐客令	破口大骂	固执己见	照本宣科	铺谋设计
涎皮赖脸					
二、下逐客令	深恶痛绝	破口大骂	照本宣科	出人意料	不可开交
固执己见	涎皮赖脸	铺谋设计			

第24篇	一、坐吃山空	面无人色	一时兴起	老牛破车		
	二、老牛破车	心有余悸	坐吃山空	接二连三	一时兴起	惴惴不安
	面无人色					
第25篇	一、迢迢千里	趾高气扬	疑难杂症	质疑问难	无中生有	低声下气
	恃才傲物	虑周藻密	付之一笑			
	二、疑难杂症	迢迢千里	质疑问难	无中生有	趾高气扬	低声下气
	付之一笑	虑周藻密	恃才傲物			
第26篇	一、争长论短	古色古香	面目可憎	没齿难忘		
	二、没齿难忘	面目可憎	迫不及待	古色古香	和颜悦色	争长论短
第27篇	一、辗转反侧	鬼哭狼嚎	风尘仆仆	月光如水	茅茨土阶	惊魂未定
	二、面如土色	辗转反侧	月光如水	风尘仆仆	茅茨土阶	鬼哭狼嚎
	惊魂未定					
第28篇	一、一毛不拔	爱财如命	一言不发	福如东海	不相上下	礼尚往来
	礼轻情意重					
	二、不相上下	福如东海	一毛不拔	爱财如命	礼尚往来	一言不发
	礼轻情意重					
第29篇	一、深更半夜	逆来顺受	故态复萌	日理万机		
	二、日理万机	深更半夜	怒气冲冲	如释重负	忍无可忍	逆来顺受
	故态复萌					
第30篇	一、按部就班	巧笑倩兮	神魂颠倒	望而却步		
	二、神魂颠倒	巧笑倩兮	怦然心动	望而却步	欣喜若狂	按部就班
第31篇	一、多多益善	有凭有据	恋恋不舍	泪如雨下	较短比长	
	二、较短比长	有凭有据	多多益善	恋恋不舍	得意扬扬	泪如雨下
第32篇	一、欲罢不能	坐立不安	漫无止境	典则俊雅	平心静气	一心一意
	如痴如醉					
	二、坐立不安	一心一意	欲罢不能	平心静气	漫无止境	不由自主
	如痴如醉	典则俊雅				
第33篇	一、东寻西觅	困兽之斗	枉费心机	九牛二虎之力	物以稀为贵	
	二、枉费心机	东寻西觅	物以稀为贵	困兽之斗	九牛二虎之力	
	气急败坏					
第34篇	一、志同道合	魂牵梦萦	悲悲戚戚	驾鹤西归	果不其然	莫逆之交
	二、魂牵梦萦	志同道合	驾鹤西归	果不其然	莫逆之交	悲悲戚戚

第48篇	一、捧腹大笑	竭尽全力	不求上进	事与愿违	突飞猛进	
	二、不知不觉	不求上进	竭尽全力	事与愿违	捧腹大笑	突飞猛进
	出人意料					
第49篇	一、冷言冷语	养家糊口	早出晚归	若有所思	窝火憋气	迎来送往
	二、早出晚归	若有所思	窝火憋气	冷言冷语	迎来送往	养家糊口
第50篇	一、形单影只	转悲为喜	杳无人烟	鸡犬不闻	青面獠牙	
	二、无影无踪	杳无人烟	转悲为喜	鸡犬不闻	青面獠牙	形单影只
第51篇	一、微乎其微	行将入土	生死有命	病入膏肓	老态龙钟	气若游丝
	二、生死有命	微乎其微	行将入土	气若游丝	直言不讳	老态龙钟
	病入膏肓					
第52篇	一、不以为意	昂然自若	天真无邪	毛骨悚然	日落西山	
	二、不以为意	毛骨悚然	天真无邪	惊慌失措	日落西山	昂然自若
	彬彬有礼					
第53篇	一、欺人太甚	媒妁之言	怏怏不乐	妄自尊大	大吵大闹	
	二、大吵大闹	欺人太甚	媒妁之言	妄自尊大	大失所望	怏怏不乐
第54篇	一、唾沫横飞	感慨万千	丰功伟绩	鞠躬尽瘁	目不转睛	
	二、鞠躬尽瘁	丰功伟绩	感慨万千	目不转睛	唾沫横飞	无言以对
第55篇	一、暴殄天物	残羹剩饭	珍馐美味	二话不说	快步流星	
	二、万无一失	珍馐美味	残羹剩饭	暴殄天物	快步流星	二话不说
第56篇	一、信以为真	怒火中烧	艰苦奋斗	衣锦还乡	土生土长	
	二、怒火中烧	艰苦奋斗	信誓旦旦	衣锦还乡	土生土长	信以为真
第57篇	一、一清二楚	敷衍搪塞	不学无术	粗心大意	煞费苦心	
	二、一清二楚	煞费苦心	粗心大意	敷衍搪塞	绞尽脑汁	不学无术
第58篇	一、默默无言	喟然长叹	正气凛然	言多必失	不动声色	
	二、心直口快	正气凛然	不动声色	言多必失	喟然长叹	不假思索
	默默无言					
第59篇	一、羞面见人	旁若无人	举步如飞	鹅毛大雪	志得意满	翩翩起舞
	二、旁若无人	举步如飞	志得意满	羞面见人	翩翩起舞	鹅毛大雪
	翩翩起舞					
第60篇	一、强词夺理	梦见周公	个中滋味	倾耳细听	潜神默思	
	二、个中滋味	潜神默思	梦见周公	理直气壮	倾耳细听	强词夺理

星级评价表

单元	篇目	流畅朗读笑话 ★	看着笑话口述两个"猜一猜"练习 ★★	看着答案中的成语创造性复述笑话 ★★★	用篇目中所学成语创作笑话 ★★★★
第一单元	第1—5篇				
	第6—10篇				
第二单元	第11—15篇				
	第16—20篇				
第三单元	第21—25篇				
	第26—30篇				
第四单元	第31—35篇				
	第36—40篇				
第五单元	第41—45篇				
	第46—50篇				
第六单元	第51—55篇				
	第56—60篇				